DE LA

COLONISATION.

AMIENS. — Imprimerie de E. YVERT, rue Sire-Firmin-Leroux, 24.

DE LA

COLONISATION

PAR

ÉDOUARD D'URBAN.

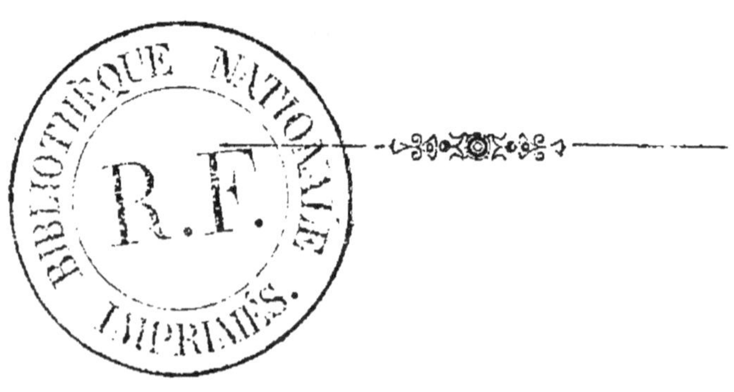

PARIS

ALLOUARD ET KAEPPELIN

Libraires-Éditeurs-Commissionnaires

SUCCESSEURS DE P. DUFART ET DE GABRIEL WARÉE

10, RUE DE SEINE-SAINT-GERMAIN.

1850

PRÉFACE.

Toute crise révolutionnaire est funeste aux peuples. Si, après beaucoup de malheurs, il en sort quelques réformes utiles et des résultats favorables, ces réformes n'auraient pas été moins réelles, et ces résultats moins heureux, s'ils avaient été amenés par des moyens pacifiques, et il eut dépendu des hommes que la transformation se fût accomplie de cette dernière manière.

La France est encore aujourd'hui fortement agitée. C'est un grand vaisseau sans direction, qui vogue au gré des vents.

Nous nous plaignons d'avoir en France un surplus de population besogneuse et turbulente. Que ne leur donnons-nous des outils et des terres? Nous possédons la colonie de l'Algérie qui attend des bras ; nous avons en France plusieurs parties de territoire qui ne sont pas cultivées et qui ne demandent qu'à l'être : occupons-nons donc de colonisation. Et pour ne considérer que le vaste territoire compris en Afrique, de quelle abondance de moissons et de fruits ne serait-il pas couvert, s'il était livré à un travail intelligent?

Malheureusement, on pourrait appliquer aux Français, à l'occasion de l'Algérie, ces paroles qu'un vieux carthaginois adressait à Annibal : Vous savez vaincre, lui dit-il, mais vous ne savez pas user de la victoire.

Nous avons su conquérir l'Algérie, nous avons mis Abd-el-Kader dans l'impuissance de nuire ; nous le tenons en captivité ; tous les jours de nouveaux arabes du désert viennent faire leur soumission devant nos armes redoutées ; tout ce qu'on pouvait attendre de la bravoure militaire, nous l'avons fait.

Mais si nous savons vaincre, nous ne savons

pas, ou plutôt, nous ne voulons pas profiter de la victoire. L'illustre et à jamais regrettable maréchal Bugeaud, devant partir pour l'Agérie, dont la direction générale venait de lui être confiée, inscrivait sur ses armes : *ense et aratro* (1), terrible et douce devise où s'associent si singulièrement l'instrument qui donne la mort avec celui qui donne la sécurité ; devise dont jusqu'ici nous n'avons pu accomplir que la première moitié.

A qui faut-il attribuer le peu d'impulsion donnée à la colonisation de l'Afrique et des terres incultes qui dégradent encore plusieurs de nos départements ? A deux causes : l'une vient du gouvernement, l'autre, du caractère français. Le gouvernement de 1830, mal posé sur sa base, employait tous les éléments de sa force au seul maintien de son existence. D'un côté, contraint de complaire aux goûts et aux caprices d'une bourgeoisie mercantile à qui il devait son existence, de l'autre, obligé de se ménager avec les puissances voisines qui le toléraient plus qu'elles ne l'approuvaient, quelle

(1) Avec l'épée et avec la charrue.

généreuse entreprise pouvait-il faire? Il s'était d'avance enchaînè les bras et mis dans l'impossibilité de faire le bien que le peuple était en droit d'attendre.

Les tiraillements auxquels ce gouvernement était en proie, se faisaient sentir dans les Chambres. La plupart de leurs séances, ou du moins, les plus suivies, se passaient en discussions irritantes et personnelles. Chacun s'échauffait pour ses affaires, et personne pour celles du pays; on ne parlait point de la colonisation de l'Algérie, ou si l'on en parlait, c'était pour démontrer qu'elle était impossible et quelle serait ruineuse pour la France.

Ainsi, le Gouvernement, par sa marche, par ses pensées, par ses paroles, décourageait ceux qui, comme colons, avaient déjà porté leurs pénates en Algérie, et effrayait ceux qui auraient été tentés de porter en cette terre leurs capitaux et leur industrie.

Si, aux vues étroites du Gouvernement, vous ajoutez le caprice et l'inconstance de l'esprit français, vous aurez la raison pour laquelle toutes nos colonies sont languissantes et pourquoi l'Algérie surtout ne nous est encore connue que par les sacrifices énormes qu'elle nous a coûtés.

Le Français est brave, a-t-on dit souvent; mais il n'est pas colonisateur. Sans admettre la vérité de cet adage, nous devons reconnaître cependant qu'il y a dans le caractère de notre nation une légèreté, un défaut de patience, un penchant au découragement, dès qu'un succès ne nous récompense pas, qui semblent s'opposer à ce que d'une terre inculte et déserte, nous fassions sortir une colonie florissante. C'est avec le sang-froid et une persévérance à toute épreuve, que les colons anglais ont donné une nouvelle vie à l'Amérique septentrionale et fondé ce vaste empire des Etats-Unis, qui devrait être notre exemple, comme il fait notre admiration. Le Français s'effarouche devant un long travail. Il ne sait pas en attendre les fruits précieux. Il veut un gain immédiat, et s'il pénètre dans des plaines fertiles, mais incultes, ouvertes à son ambition, il les exploite et ne les colonise pas. Il cherche, par des spéculations aventureuses, à se donner de prompts bénéfices, et néglige ceux plus assurés qu'une bonne colonisation lui aurait apportés. Mais les défauts du caractère français ne sont pas tels qu'on ne puisse les tourner au profit d'une bonne colonisation, et il suffirait que le gouvernement qui tient tant de ressorts dans sa main, suivît une voie droite et sûre.

Le Français, mal conduit, ou livré à lui-même, peut être un mauvais colonisateur, nous en convenons; mais, dirigé par une main ferme et habile, soutenu dans ses travaux par l'expérience d'un beau succès, il n'est point d'effort et de constance dont il ne soit capable.

On pourrait alléguer que la classe du peuple qui pourrait fournir les colons laboureurs est impropre à une solide culture, par cela même qu'elle est en proie à des idées révolutionnaires, qui, jetant le trouble dans son esprit ignorant et orgueilleux, l'excitent à chercher l'amélioration de sa destinée, plutôt dans un bouleversement social que dans un travail suivi. Mais c'est justement, oserons-nous dire, pour le guérir de cette peste démocratique dont tant de citoyens sont infectés, qu'il faudrait au plus tôt leur ouvrir un vaste champ de colonisation, où par l'aspect d'un établissement qui leur appartiendrait et d'une famille naissante, ils seraient détournés naturellement de tout souci démagogique, et attachés à l'agriculture sur laquelle reposeraient leur bonheur.

C'est ainsi que l'empereur Napoléon, en portant la guerre au dehors, en exécutant à l'intérieur d'immenses travaux d'utilité publique, sut à la fois rendre au pouvoir l'énergie qui grandit les peuples, et délivrer la société de l'anarchie et de la démoralisation qui les dégradent.

La France regorge d'hommes qui sont toujours prêts à se précipiter dans l'insurrection contre les lois. C'est un péril qui semble ne faire que s'accroître ; c'est une menace terrible qui reste suspendue sur nos têtes. Eh bien ! nous pensons que ce péril disparaîtrait peu à peu, que cette menace cesserait de peser sur nous, si l'on ouvrait une carrière à l'activité turbulente des citoyens que des doctrines funestes, et quelquefois la misère, poussent à l'égarement. Hors de la France, c'est l'Algérie ; en France, ce sont nos landes et nos dunes qui, par les avantages matériels et moraux que la colonisation peut produire, semblent destinés à rendre le calme à notre nation et sauver les citoyens de leur propre fureur.

Colonisons, tel devrait être le grand cri de tout représentant de la France qui aime sa patrie. Les esprits, sans doute, ne sont pas d'accord sur le choix des moyens. Les uns veulent aller trop vite ; les autres trop lentement. Pour nous, en qualité de citoyen, nous osons apporter dans cette question le faible tribut de nos méditations, et soumettre au public et aux gouvernants des moyens de colonisation qui nous semblent aussi simples que décisifs, et peut être, à cause de cela, négligés jusqu'ici.

Dans un temps aussi grave que celui où nous sommes, chacun doit faire abnégation de son amour-propre et de ses erreurs passées, chercher ce qui est bon, utile et généreux ; à la pensée faire succéder l'exécution. Voilà le devoir des citoyens ; c'est aussi celui d'un gouvernement qui a à cœur la prospérité de la France.

20 Septembre 1850.

CHAPITRE Ier.

LES COLONIES.

Si faible que soit notre voix, nous devons la faire entendre sur les questions d'humanité et d'intérêt national, alors surtout que ceux qui sont à la tête des pouvoirs publics nous paraissent suivre une marche contraire à la prospérité de leur patrie, comme au bonheur du genre humain.

La France, sur divers points du globe, donne des lois à plusieurs colonies, ou plutôt disons à plusieurs possessions, car il n'est pas exact d'appeler colonies des îles qu'on cherche moins à civiliser qu'à exploiter au plus vite, sans souci de l'avenir. Cependant, en considérant seulement l'humanité, est-il rien de plus beau et de plus généreux pour un grand peuple, que de porter l'industrie, la religion et les beaux arts, à des hommes sans lois, sans Dieu, ignorants et grossiers ? Une si noble mission fut comprise par les anciens. L'Égypte, la Grèce, et plus tard Rome, s'acquirent un nom immortel, non seulement par l'éclat de leurs exploits, et par la culture des beaux arts; mais encore, en allant au loin animer et peupler les solitudes, en portant leur vie, leur industrie, leurs coutumes, leurs mœurs, partout où un point du globe abandonné appelait leur esprit généreux.

Outre la question d'humanité, quels avantages d'ailleurs ne doivent point revenir à un grand pays, lorsqu'un État, possédant des colonies qu'il aura fondées, et succombant sous le poids d'une population trop nombreuse, peut reverser ce trop plein sur les terres diverses qu'il a su se ménager au loin, au milieu des mers. Des colonies que des sujets habiles savent rendre productives, alimentent le commerce de la métropole, la fournissent à bas prix de la matière première, et de plus, lui rapportent un revenu en raison de l'importance de leur grandeur. Dans un temps de guerre, lorsqu'un Etat est menacé par des voisins jaloux et perfides, les colonies, s'il a le bonheur d'en posséder, lui servent de point d'appui, et leurs habitants sont ses alliés naturels et toujours les plus fidèles. C'est donc un des devoirs d'un bon gouvernement de s'emparer avec avidité de toutes les occasions qui peuvent mettre une île en sa possession, et de prendre les moyens nécessaires pour y affermir sa puissance et y faire fleurir le progrès et l'industrie qu'elle comporte.

Nous allons tracer quelques réflexions sur la manière déplorable dont on use, en général, pour coloniser. Cela suffira pour démontrer ce qu'il faudrait faire.

Voilà donc des colons qui mettent le pied sur un pays inculte et totalement inhabité. Supposons qu'ils aient le courage nécessaire à une grande entreprise et d'excellentes intentions, l'incurie de leur gouvernement ne leur fournissant ni les instruments nécessaires d'exploitation, ni la protection dont ils ont besoin contre les étrangers nouveaux venus et jaloux, ils se relâchent de leur première énergie; ils se divisent, ils regrettent le sol de la mère-patrie; les travaux languissent, et la colonie tombe en décadence. Cette fois là ce sera la faute de l'État. Voici la part des fautes du colon, alors surtout qu'il prend possession d'une île habitée par des naturels. On dirait qu'il arrive dans cette île plutôt pour détruire que pour édifier, plutôt pour rendre sauvage le sol qu'il foule, que pour le civiliser.

Le colon veut, tout d'un coup, soumettre les naturels à un régime, à des lois et à des mœurs qu'ils ne peuvent adopter que progressivement. La nature va lentement et par gradation. Le colon veut agir brusquement, il prétend tout plier à son avidité ou à ses caprices, et par cette impatience, il compromet tout. Les naturels deviennent ses ennemis acharnés; il aurait pu en faire de bons alliés ou d'utiles concitoyens. S'ils sont subjugués, parce qu'ils ont été les plus faibles, leur espèce dégénère, diminue, s'abrutit, et devient plutôt une charge qu'un secours pour la colonisation. Non seulement nous ne corrigeons pas les vices des indigènes, mais encore nous leur apportons les nôtres. Lorsque l'indigène a subi le contact des gens civilisés, demandez-lui ce qu'il a fait de sa bonne foi, de sa tempérance, de sa sobriété et de sa vigueur. La perte de tous ces biens, voilà l'effet de nos instructions et de nos exemples. O vous, hommes entreprenants et avides, qui courez vers les terres sauvages, comment voulez-vous que les enfants du sol deviennent vos amis? Comment les traitez-vous? N'est-ce pas avec des instruments de mort à la main que vous leur parlez d'industrie et de civilisation? Ne faites vous pas tout ce qui dépend de vous pour les effaroucher et les rendre défiants au lieu de vous les attirer? Ne les regardez-vous pas enfin comme une proie qui doit vous appartenir n'importe par quels moyens?

La religion est un moyen de colonisation des plus respectables et des plus salutaires. D'où vient donc qu'elle ne produit pas tout le fruit que l'on en devrait attendre? D'abord, le missionnaire, dont je ne veux assurément pas contester le dévouement, y met cependant une ambition exaltée et un zèle inconsidéré qui jette le trouble parmi les peuplades sauvages ; si même il convertit quelques uns de ces pauvres habitants, les ayant trop peu instruits, n'attendant pas le temps nécessaire pour développer leur raison, il en fait des superstitieux grossiers plutôt que de véritables chrétiens. Ce qui doit ajouter au trouble des naturels et à la défiance qu'ils ont des étrangers, c'est la diversité des opinions et même des religions qu'on leur prêche ; protestants, anglicans, catholiques romains, tous veulent s'emparer de l'âme simple et naïve de l'habitant des îles sauvages. Or, leurs préceptes et leurs prescriptions étant différents, jugez tout ce que peut produire en lui cette confusion ; heureux encore lorsqu'il n'a pas devant ses yeux l'exemple de scandaleuses disputes, lorsqu'il n'est pas le témoin des injures grossières que ses prétendus maîtres et instituteurs se disent entr'eux ! Ainsi, le moyen le plus saint et le plus efficace de la civilisation, devient, par la faute de ceux qui l'emploient, un instrument pernicieux.

Les efforts individuels deviennent presque toujours insuffisants pour mettre une colonie en état de prospérité. Il faut un appui vigoureux, certain, qui soutienne ceux qui veulent entreprendre de fertiliser une terre quelconque ; ils ont besoin d'avoir une puissante garantie que leurs soins et leurs sacrifices ne seront pas perdus, et qu'ils seront appréciés et soutenus par le gouvernement auquel ils appartiennent. Celui de la France est loin d'offrir cette condition à ceux de ses sujets qui veulent porter sur des terres incultes leurs talents et leur industrie. Ceux qui tiennent chez nous le timon des affaires, réservent tous leurs soins à l'intérieur ; leur génie et leur attention se portent tout entiers sur le maintien de leur crédit et de leur pouvoir. Une colonisation lointaine n'est pour eux qu'un point imperceptible, et qui leur paraît indigne de leurs regards comme de leurs soins. Voilà dans quelles mains ne reposent que trop souvent les destinées de la France et de ses colonies.

Figurons-nous cependant ce que serait une colonisation bien organisée, bien suivie et dignement soutenue par la mère-patrie. Voilà un colon industrieux sur la terre qu'il veut féconder : il a apporté de la résolution et des goûts nécessaires au travail ; après avoir pris les premières précautions qu'exigent la vie et le logement, il étudie le climat, la direction des rivières, les productions sauvages de l'endroit, le parti qu'on peut en tirer, celles qu'on peut y implanter. Il s'approprie, en les apprivoisant, les animaux utiles, il repousse et détruit les malfaisants. Plaines, vallons, collines se chargent d'arbres, de fruits et de moissons; les rivières, qui débordaient facilement, sont renfermées dans leur lit par des digues bien entretenue. Des chemins habilement exécutés ouvrent, de tous côtés, de faciles communications. Les marais, causes de peste et de stérilité, sont desséchés et font place à de riantes moissons. La race des colons se multiplie au milieu de l'abondance et de la paix; de nouvelles demeures s'élèvent en raison des besoins d'une popution croissante; les mœurs, les coutumes, le langage, du sein de la métropole sont répandus sur cette nouvelle terre, et conservent l'image de la mère-patrie aux yeux des colons fortunés.

La vie est rendue à ces lieux qui ne connaissaient que la torpeur de la mort. Une nouvelle conquête est assurée à l'homme; conquête d'autant plus belle qu'elle n'aura pas été arrosée du sang des vaincus. En effet, les naturels de ce coin de terre, et rarement on trouve des îles inhabitées, auront pu être étonnés, effrayés même au premier aspect d'hommes inconnus, mettant hardiment le pied dans leurs forêts sauvages; mais, peu à peu rassurés par des gestes d'amitié et des procédés inoffensifs, ils se seront rapprochés des colons. Ceux-ci leur offriront de petits cadeaux et leur rendront de petits services qui les gagneront. Ils ne chercheront pas à leur imposer nos mœurs, nos coutumes, nos lois, dont ils ne pourraient encore sentir les avantages, ils respecteront leur dieux grossiers et leur goûts bizarres, ils se contenteront de les appeler à la civilisation par l'exemple de leur bonheur, et par quelques instructions premières et sagement ménagées, le temps et le Ciel feront le reste.

Les sauvages deviendront des hommes sociables, et leur race se mêlant par des unions conjugales à la race des colons, transmettra à tous les enfants qui en naîtront la vigueur d'une nature primitive. Eh bien! quel est l'Etat qui ne serait fier de posséder une pareille colonie? Qui peut apprécier les immenses avantages qu'il retirerait d'une possession ainsi habitée, ainsi fécondée? On ne sait de quoi il aurait le plus à se louer ou de la gloire d'avoir contribué à la prospérité de cette nouvelle terre, ou de l'utilité qui lui en reviendrait. Voilà cependant une œuvre qui n'est pas au-dessus des hommes, s'ils savaient attendre avec patience, ne pas brusquer le temps et rester dociles aux leçons de la nature, les plus belles images de la félicité humaine seraient répandues sur la face du globe. Il n'en est pas ainsi, il faut bien le dire, l'homme n'écoute qu'un instinct vicié, partout l'avenir est sacrifié au présent, la vertu à la fureur de l'ambition, et la morale aux exigences d'un lucre suspect et quelquefois infâme.

Nous parlions tout à l'heure d'humanité ; peut-on prononcer ce nom sans faire un triste retour sur le sort de ces millions d'infortunés que des nations civilisées réduisent à la plus horrible servitude, et qui, pour être revêtus de la nature humaine, n'en sont que plus misérables ? Eh quoi ! ces êtres animés, aux cheveux crépus, aux lèvres épaisses, au dos voûté, à la peau cuivré ou noire, ne sont-ils pas, après tout, nos semblables? Les noirs sont les enfants de Dieu comme vous, qui vous pavanez d'orgueil en comparant avec les leurs, les avantages dont vous êtes investis ; comme vous, qui les traitez comme un vil bétail, soit en les employant aux plus durs travaux, soit en en faisant le sujet d'un négoce inhumain ; ou la nature n'est qu'un vain mot et a perdu tous ses droits, ou le nègre a le droit d'en appeler à la justice et à l'humanité comme individu de notre espèce.

Le nègre est homme, et nous ne pouvons l'accabler d'indignes traitements, qu'en faisant outrage à notre propre nature.

Arrêtons-nous un instant.

Voyons le nègre dans l'état primitif où Dieu même l'a mis, et antérieurement, par conséquent, à l'époque où notre civilisation l'a saisi. Vous allez juger s'il a beaucoup gagné à faire connaissance avec ceux de ses semblables qui s'étaient perfectionnés au foyer d'une civilisation raffinée. Dans ses forêts, dans ses sombres collines, il était libre et heureux; de simples huttes suffisaient à son logement; pour lui, peu de besoins, peu de désirs, beaucoup d'indépendance et non moins l'amour du repos; la pêche, la chasse, la recherche des fruits nourriciers : voilà ses occupations. L'eau du premier ruisseau venu le désaltérait suffisamment; s'il avait des passions, il n'avait ni le caprice, ni l'ambition qui auraient pu les rendre dangereuses à ses voisins.

La maladie était presque chose inconnue chez lui : voilà comment Dieu avait fait les nègres. Voici ce qu'ils sont devenus sous l'empire des Européens : ils ont été d'abord violemment saisis, garrottés, entraînés, loin de leurs demeures paisibles, on a tué ceux qui résistaient; on leur a fait boire des liqueurs alcooliques; on les a abrutis. Ils étaient presque des hommes, on les a changés en des bêtes de somme; on en a fait des esclaves; ils avaient le malheur d'être ignorants, faibles, désarmés; c'était leur crime; nous les avons accablés et enchaînés, et pendant de longs siècles, aucun des gouvernements de l'Europe, qui se disent si humains, n'a donné un signe de protection à ces créatures infortunées. En ces derniers temps, la grande voix de la philosophie a réveillé quelques sentiments d'humanité en Angleterre et en France.

Notre révolution de février, qui a été si fatale à tant d'intérêts, se fera peut-être pardonner, un jour, parce qu'elle a proclamé l'affranchissement des esclaves dans toutes nos colonies. Puissent le Brésil et les États de l'Union ne pas tarder à imiter un si noble exemple! N'ont-ils pas honte de ne devoir leur prospérité, quoique passagère et trompeuse, qu'à la servitude et à l'abrutissement d'une portion de leurs semblables?

Que se passe-t-il, en effet, dans ces contrées si funestes à l'humanité?

Là, le malheureux nègre est assujetti à un travail forcé pendant tout le cours d'une longue et brûlante journée. Il travaille ainsi, non pour lui, ni pour sa femme, ni pour ses enfants, pensée qui adoucirait ses peines ; il s'épuise pour le compte d'un maître dur et cruel, qui, au moindre prétexte, l'accable de coups. Les châtiments divers qu'on invente, pour tourmenter les esclaves, sont tels, que la seule idée fait dresser les cheveux sur la tête. Je prie le lecteur de comparer cet état du nègre avec la vie primitive dont nous n'avons tracé plus haut qu'une imparfaite image.

Cette comparaison seule n'accuse-t-elle pas la cruauté des deux puissances que nous avons nommées, et l'incurie funeste des gouvernements qui restent témoins impassibles de ces horreurs et de cet outrage continuel fait à la nature humaine?

Oui, tout homme sensible doit parler, et tout gouvernement généreux agir pour arriver à la suppression complète de l'esclavage. Nos colonies, pour lesquelles une bonne voie vient de s'ouvrir, n'auront acquis la force et la prospérité qu'elles pourraient avoir, que lorsque chaque homme, noir ou blanc, travaillera pour lui, que lorsqu'une moitié de l'espèce aura cessé d'être avilie et opprimée par l'autre. On a osé, je ne sais plus en quel livre, comparer l'esclave à notre ouvrier ou à notre domestique.

Entre l'un et l'autre, je ne puis voir aucun point de ressemblance. L'ouvrier et le domestique ont des maîtres, il est vrai; mais ils les ont choisis volontairement, et ils les servent avec d'autant plus de fidélité et de complaisance, qu'ils sont parfaitement libres de les quitter, et que d'ailleurs, ils sont récompensés suivant leur zèle et leurs peines. Entre le domestique et son maître, il y un contrat qui les oblige tous les deux; l'un offre ses bras, son talent, son zèle; l'autre offre une somme d'argent comme égale valeur. Chacun d'eux refuse, ou accepte. Le maître n'a pas le droit de châtiment; s'il n'est pas content de son domestique, il le renvoie; celui-ci choisit une autre condition, et tout est dit. L'égalité de la loi se retrouve partout; partout la liberté se montre au bout du compte; si l'inégalité du riche et du pauvre existe, c'est l'une des fatalités attachées à toute civilisation, et même à notre nature ; c'est comme l'inégalité existant entre le malade et celui qui est bien portant, entre l'homme né faible et languissant et celui qui est doué de membres forts et vigoureux : à part donc le désavantage de la fortune, l'ouvrier et le domestique peuvent marcher sur le même pied que le maître. Leur dignité d'homme reste intacte. Quant au nègre esclave, arraché à sa patrie, enchaîné, déchiré par le fouet, il n'échappe que par la mort à son maître, à qui, même en mourant, il laisse une partie de lui-même, ses tristes enfants, qui continueront à porter à sa place les chaînes dont le trépas l'a délivré.

La suppression de l'esclavage changera heureusement la face des colonies. Le nègre est sans doute paresseux, indocile, menteur, parce que l'esclavage l'a fait tel, et qu'il n'a pu jusqu'ici sentir les charmes d'un travail libre qui procure les commodités de la vie à lui et à sa famille : sa liberté l'instruira ; l'amour de la propriété développera en lui l'amour de l'ordre ; la nécessité le rendra industrieux ; il voudra profiter de l'exemple des autres. Je ne nie point que les premiers temps qui vont suivre l'affranchissement ne puissent être difficiles et ombrageux : toute grande réforme a ses épreuves ; mais j'ose prétendre, que peu à peu, les esprits s'éclaireront, les animosités s'apaiseront, les intérêts de la liberté parleront à tous les yeux. Les nègres voudront s'en rendre dignes. Des mélanges heureux s'établiront entre les deux races. Ce ne sera plus qu'un seul peuple régi par les mêmes lois, adorant le même Dieu et en attendant la même récompense.

La colonie prospérera fécondée par des bras libres, et la métropole retirera d'heureux fruits de l'affranchissement qu'elle aura opéré, et conciliera ainsi le soin de sa grandeur avec celui de l'humanité.

Ce sera un magnifique éloge que l'histoire donnera à l'Angleterre et à la France pour avoir rendu la liberté aux esclaves de leurs colonies ; mais, cet éloge serait plus juste et plus glorieux, si ces deux nobles puissances se donnaient la main, et faisaient des efforts plus sérieux pour mettre fin à la traite, crime odieux dont les mers sont encore infestées.

Les nègres sont vendus comme un vil bétail, et souvent traités plus mal que nos animaux domestiques. Les hauts cris que l'humanité outragée n'a cessé de faire entendre ont porté quelques fruits en ces derniers temps, et ont fait ralentir l'activité d'un infame commerce. Des traités sont intervenus entre les premières puissances de l'Europe, à l'effet d'arriver à l'extinction de la traite des noirs ; mais l'intérêt individuel, l'âpreté des marchands pour le gain, ne se sont point arrêtés devant cet obstacle, encouragés par l'impunité, ou par le défaut de surveillance de la part des gouvernements ; ces ignobles contrebandiers continuent à colporter et à vendre leurs semblables. Voyez-vous ces chasseurs d'hommes, s'élançant sur des rivages peuplés de nègres : hommes, femmes, enfants, tout est de bonne prise. Des chaînes, des crocs, et d'autres instruments de gêne ont raison des plus récalcitrants. Les captifs sont arrachés au sol qui les a vu naître et entassés pêle-mêle dans la cale du vaisseau qui doit les transporter dans les lieux éloignés où ils auront le plus de cours comme marchandise. Beaucoup périssent étouffés dans cette prison étroite, d'autres y meurent de désespoir ou de faim ; sans compter ceux que des maladies contractées dans cette situation pénible, privent d'une vie aussi triste. C'est tout au plus si le marchand d'hommes en conserve la moitié en vie avant d'arriver au lieu de leur destination. Mais ces pertes ont été calculées par le patron, et il sait fort bien que la vente des survivants le dédommagera largement de la mort des autres. On ne peut rien imaginer de plus horrible que la précaution et les moyens adoptés par ceux qui font la traite pour échapper à leur juste punition lorsqu'ils sont surpris en pleine mer ; des trappes sont ménagées dans la cale où les noirs sont renfermés ; de sorte qu'à un signal donné, tous ces malheureux sont tout à coup précipités dans les flots, où pas un seul ne peut se sauver. Par là, leur maître rend inutile la visite et trompe le zèle des capitaines de vaisseaux des diverses nations qui ont la mission de le surveiller et d'empêcher qu'il ne se livre à la traite. Cet homme qui fait le commerce de ses semblables avec tant d'impudeur et tant de cruauté, ne peut être bon père, bon fils, bon citoyen ; son cœur est sec, et rien de ce qui est beau, grand et généreux, ne peut germer en lui. Que le gouvernement prenne donc une fois en main, et sérieusement, leur propre intérêt et avant tout celui de la morale et de la religion ; que l'esclavage soit supprimé de toutes parts, et par là, le crime de la traite des noirs n'épouvantera plus les ames en qui l'humanité a conservé quelques droits.

Non seulement la France, par son esprit généreux et philosophique, est appelée la première à porter la lumière et la vie dans les contrées les plus sauvages et les plus éloignées, mais l'intérêt de sa puissance maritime et de son influence sur le reste du Monde lui en fait une obligation indispensable. La France a essentiellement besoin de colonies pour assurer moins encore la prospérité de son commerce que son indépendance entre les nations. Le temps des guerres continentales sera peut-être long-temps à revenir, désormais c'est sur mer que se décideront les destinées des empires. Ce seront les grandes flottes qui feront respecter des États comme la France. En temps de paix, à quoi serviraient de nombreux vaisseaux sans colonies, et en temps de guerre, où pourraient-ils se rallier, si, sur les divers points de l'Océan et de la Méditerrannée, nous n'avions des possessions sûres toujours prêtes à les recevoir. Malheureusement la France, après les guerres incessantes et mortelles qu'elle a soutenues sur terre et sur mer, s'est laissé dépouiller par des traités d'un grand nombre d'îles que nos pères avaient conquises. Toutefois, il lui en reste encore assez pour s'assurer sur les mers une puissance respectable.

Dans le monde de l'Orient, baignant d'un côté dans le canal Mozambique, de l'autre dans la mer des Indes, est une île presqu'aussi grande que la France d'un terroir fecond et où la nature prodigue toutes ses richesses : C'est Madagascar. Depuis deux cents ans elle appartient à la France : les naturels du pays nous aiment, nous appellent à eux, et cependant depuis ce laps énorme de temps, les traces de notre règne sont à peine marquées dans cette île. Comme position militaire, comme débouché de notre commerce, elle devrait appeler toute l'attention du Gouvernement, rien de tout cela n'a lieu, et on laisse dépérir une terre qui eût donné aux soins et à la culture de magnifiques trésors et à la France de superbes résultats.

Avec plus d'insouciance encore on s'est conduit envers le Sénégal, autre possession française. L'exploitation récemment faite dans cette île, a donné lieu à la découverte de mines d'or considérables; mais on n'a pas éclairé les naturels, on n'a pas cherché à fertiliser la terre; on s'est hâté de s'approprier les produits les plus riches du pays, et puis, on le traite comme un pays abandonné dont on ne doit plus rien attendre.

Nous avons vu naguère ce qui s'est passé aux îles Marquises, lesquelles, quoiqu'on en dise, seraient pour la France d'une grande importance, soit par leur position, soit par leurs produits. Les Français s'y sont établis, appelés qu'ils étaient par les chefs des naturels de l'endroit. La colonisation paraissait s'y développer d'une manière favorable; nos mœurs, nos lois auraient pu prendre racine sur un sol bien disposé, malgré les fautes commises par nos soldats et la tolérance des chefs. Eh bien! il a suffi d'un intrigant, d'un missionnaire ridicule, d'un étranger, d'un *anglais* nommé Pritchard, pour faire avorter toutes nos belles espérances; il a ameuté les indigènes contre nous, et celui qui a voulu le premier punir cette trahison venger et nos droits violés a été désavoué par son gouvernement. Voilà comme chez nous on récompense l'honneur et un devoir dignement accompli.

Faudra-t-il donc que toujours des passions subalternes l'emportent sur l'intérêt et sur la dignité de la France ?

CHAPITRE II.

CONSIDÉRATIONS GÉNÉRALES SUR L'ALGÉRIE.

L'ALGÉRIE est cette portion de l'Afrique septentrionale qui est située vis-à-vis des côtes de l'Europe. Cette terre, conquise en 1830 par les armes françaises, est célèbre par sa fertilité naturelle et par l'antiquité de ses souvenirs.

C'est dans cette contrée que la superbe Didon, échappée aux assassins de son époux, et avec les trésors qu'elle avait emportés de Tyr, éleva les remparts de Carthage.

On connaît les brillants destins de cette ville qui donna des lois à plusieurs peuples ; qui triompha toujours des guerres continentales que lui firent les indigènes et les habitants du désert. Il fallût Rome pour dompter Carthage. Les Numides et les autres peuplades redoutées de l'Afrique ne cédèrent qu'aux efforts du premier peuple du Monde.

Aux Romains, qui se contentaient par des excursions fréquentes de tirer de larges impôts de cette province, succedèrent les Vandales, qui la saccagèrent.

Les Arabes ou Sarrazins, non moins vagabonds et aussi avides de pillage, se répandirent, les armes à la main sur le littoral de la Méditerranée où l'Algérie est assise aujourd'hui, et ces barbares en restèrent possesseurs, jusqu'à ce que les Turcs, non moins barbares, l'occupèrent à leur tour et la soumirent à l'empire du Croissant.

Tour à tour païenne, chrétienne, musulmane, cette contrée n'a jamais connu d'autre stabilité que celle de l'esclavage. Le dey, qui régnait à Alger avant l'invasion des Français, y exerçait à loisir sa tyrannie, moyennant un tribut annuel qu'il payait au grand sultan. La piraterie avait depuis longtemps dans Alger un repaire assuré. Le musulman fataliste se livrait à l'ignorance et à la fourberie, et tandis que l'Europe, docile à la voix de la philosophie, adoucissait ses mœurs, et portait la science, le commerce et les arts à une perfection inconnue jusqu'alors, le peuple du royaume d'Alger repoussait toute humanité et toute civilisation. Cependant, le temps arrivait où le drapeau de la liberté et du génie civilisateur allait faire le tour du Monde : un outrage fait par le dey d'Alger au consul de France, donne le signal ; notre flotte s'apprête; nos guerriers généreux traversent la Méditerrannée, et quelques jours après, le boulevard de la barbarie était conquis et occupé par les soldats du Christianisme.

Heureux les peuples qu'elle porte, s'ils ne sont pas éblouis par une lumière trop soudaine à laquelle ils ne sont pas assez préparés, et s'ils ne persévèrent à préférer le repos de l'ignorance à l'activité incessante de notre civilisation. !

Toutefois, puisque la France a dû venger un outrage fait à l'honneur de son drapeau ; puisque le sol de l'Algérie est devenu notre conquête, que nous ne pourrions abandonner sans honte, et sans nous exposer à la voir occupée par de puissantes rivales, nous allons examiner quelques unes des conséquences qui doivent résulter des faits accomplis.

Comme, avant d'être français, anglais, turc, arabe ou citoyen de toute autre nation, on est homme, traitons les choses sous le point de vue le plus général, et demandons-nous : La conquête de l'Algérie sera-t-elle favorable à l'humanité, ou lui sera-t-elle contraire?

Sans répondre à ceux qui trouveraient trop de hardiesse dans cette question, nous allons, avec une entière liberté, exposer les pensées qui en sortent naturellement.

Un grand bienfait produit par notre conquête, et dont tous les hommes de bien doivent se réjouir, c'est l'extinction de la piraterie et la délivrance des esclaves et des chrétiens qu'Alger retenait enchaînés dans ses bagnes. Ce service rendu à l'humanité mérite les remercîments de l'Europe.

C'est un beau spectacle que celui que l'Algérie présente aujourd'hui. Là, d'où les sciences et les arts étaient bannis comme des crimes, où le nom de chrétien était une infamie, on voit maintenant de nombreuses écoles distribuer la nourriture intellectuelle, et un chef de la hiérarchie chrétienne honoré et respecté, présider au culte de sa religion.

Notre conquête a rogné les ongles du fanatisme, elle a rapproché les chrétiens des musulmans, l'église de la mosquée; elle a pour ainsi dire, nivelé les Dieux, afin que cette tolérance et cette égalité accordées aux choses du Ciel fassent germer la paix et l'union sur la terre. La science, les arts, le commerce et l'industrie pourront y refleurir; nos journaux vont porter sur cette terre les discussions de la politique, la défense des véritables droits de l'homme, et tout ce que la science a pu produire de lumière jusqu'à nos jours, des exactions cruelles ont cessé de tourmenter les peuples de l'Algérie et les divers religionnaires qui l'habitent. Le caprice d'un dey despotique ne fait plus tomber des têtes ; des juges savants, éclairés et équitables rendent à chacun la justice qui lui est due. Les sujets qu'on peut même appeler citoyens ne contribuent aux charges de l'Etat qu'en proportion de leur fortune. L'agriculture française commence à s'emparer de ces fécondes plaines que l'Arabe laissait incultes, soit par incurie, soit par suite de la tyrannie à laquelle il était asservi.

De longues voies de communications, ouvrage de nos soldats, s'étendent sur divers point et rapprochent des villes qui auparavant ne pouvaient entretenir presque aucun rapport entr'elles. Nous peuplons des lieux qui restaient inhabités ; nous changeons en campagnes et en villages des sables arides et abandonnés, nous faisons reculer le désert.... le Musulman est arraché à sa paresse et à son inertie par le spectacle de notre activité et de notre industrie ; des Arabes qui appartiennent aux familles puissantes du pays sollicitent notre amitié et demandent à vivre sous nos lois, leurs fils sont venus à Paris étudier la civilisation dans son plus grand foyer, afin de rapporter chez eux l'impulsion que leur auront donnée la grandeur et la splendeur de la capitale de la France. Beaucoup d'Européens, Français, Allemands, Suisses, Italiens, passent la Méditerranée et s'établissent dans les plaines de l'Algérie qui leur sont ouvertes, y bâtissent des maisons, y creusent des puits, défrichent autant de terre qu'ils peuvent, décidés qu'ils sont à s'y établir et à fonder de nouvelles familles.

Voilà les biens que l'humanité doit déjà à la civilisation européenne transportée en Afrique.

Voici le mal que les essais de cette même civilisation peuvent faire naître et entretenir dans cette contrée.

Dans un premier moment, étonné, ébloui, subjugué, le Musulman a pu céder à l'ascendant des Français ; renfermer en lui ses préjugés de caste et de famille, devenir tolérant et se prêter aux premiers principes de notre civilisation; mais souvenez-vous que la première nature reprendra tôt ou tard son empire ; que l'habitant de l'Afrique dissimule long-temps, et que telle préférence, telle pensée et telle haine, qu'on croyait être étouffées, ne font que couver dans son ame.

Nous pouvons jeter dans l'Algérie une population européenne ; mais elle tardera à s'acclimater et y traînera une existence difficile et précaire ; croyez que la race des indigènes y diminuera, signe certain qu'elle n'aura pu vivre au contact de notre civilisation. Imprudents et présomptueux que nous sommes, nous voulons appliquer à un climat des coutumes et des mœurs faites seulement pour le nôtre ! Nous pourrons prévenir quelques crimes, effacer les traits de despotisme ; mais ce sera au préjudice de l'énergie de l'homme. Le soleil de cette contrée a fait des hommes ardents, vagabonds, sobres, aimant à guerroyer, aimant les choses extrêmes, fût-ce la tyrannie qui devra les pressurer, et vous pensez qu'ils consentiront à devenir des citoyens dociles, attachés à leur village, aimant la tranquillité, payant tranquillement l'impôt vivant tous sous l'égalité de la loi, et ne respirant que la paix ! Je ne pense pas qu'il soit possible d'opérer ce miracle. Il est d'une difficulté extrême d'implanter la civilisation dans les pays chauds. Sous l'influence d'un soleil brûlant, les caractères sont trop brusques et trop impatients de nouvelles coutumes, pour qu'on ait jamais pu les leur faire totalement adopter.

Un autre obstacle pour nous, c'est la religion des Turcs, ces sectateurs ardents de Mahomet. Quelques uns laissent dormir leur fanatisme pour le Koran, ils sont vaincus, ils obéissent un moment à la fatalité ; mais croyez quelors que plusieurs années auront amassé une certaine somme de ressentiment, et qu'une circonstance politique nous affaiblissant tout d'un coup, leur aura donné de nouvelles forces, ils éclateront, et s'ils sont les plus forts, incendieront nos églises, massacreront nos prêtres, brûleront nos livres et livreront à la destruction tout ce qui rappellerait notre souvenir. La religion, chez les hommes des pays chauds, exerce une puissance éternelle dans leur ame ; elle passe avec le sang, de famille en famille, et s'y conserve avec tant d'ardeur qu'elle ne permet guère qu'on en supporte une autre aussitôt qu'on peut l'écraser. Voyez les Juifs, depuis 2,000 ans, exilés, vagabonds, chassés longtemps de presque tous les États, honnis, pressurés, dispersés dans tous les climats, ils ont cependant toujours conservé leur religion et la forme de leur culte. Les Arabes feront de même ; Abd-el-Kader est tombé, mais quelqu'autre recrutera un jour tous ceux des croyans qui, pour la religion seule, sont toujours prêts à faire la guerre, et Mahomet ne pactisera jamais franchement avec le Christ.

Je le sais, tant que la force sera dans nos mains, nous étoufferons l'intolérance religieuse, nous plierons les Arabes à notre obéissance, nous les chasserons, nous les tuerons ou nous les énerverons ; mais il sera difficile que nous en fassions jamais de bons sujets de la France. En portant nos armes en Afrique, nous avons délivré quelques chrétiens qui gémissaient dans les fers : c'était noble et juste ; mais en poussant trop loin notre conquête, nous avons porté le trouble et le désordre dans les familles maures. Nous avons arraché tout un peuple à des vieilles habitudes qui suffisaient à son bonheur. Nous l'avons forcé à verser son sang dans une guerre incessante, car avec les Maures des montagnes on peut attendre quelque trève, mais jamais une paix durable.

Combien de ses propres enfants la France n'a-t-elle pas sacrifiés et ne devra-t-elle pas sacrifier encore sur cette fatale contrée, pour pouvoir la maintenir en sa possession? L'humanité doit s'affliger plutôt que se réjouir d'une colonisation à laquelle il faut sacrifier tant de victimes humaines, et qu'on ne pourra assurément poursuivre qu'en ayant sans cesse les armes à la main pour repousser les ennemis. On ne peut supprimer les chaînes anguleuses et les précipices de l'Atlas. Or, ces montagnes serviront éternellement de réfuge aux Arabes indomptés et farouches. Ils sauront choisir le moment où nous y penserons le moins pour se précipiter de nouveau dans les plaines de nos colons et y porter de tous côtés le fer et la flamme. Nos armes, sans doute, les repousseront; mais, nos colons n'en auront pas moins éprouvé les pertes les plus cruelles.

Ce qui contribue encore à rendre les Maures peu civilisables, c'est leur manie de thésauriser et de s'attacher aveuglément aux espèces monétaires, beaucoup de notre argent qui est passé dans leurs mains par l'achat de leurs produits, ne revient plus sur nos marchés. Le Maure sait se contenter de peu, il est sobre, tempérant : il ne donne rien au luxe afin d'avoir la faculté d'amasser des trésors. L'Européen, au contraire, ne sait pas se contenter de l'absolu nécessaire ; le luxe est inhérent à ses mœurs et à la civilisation qui le gouverne : par là, il a mille occasions de répandre son argent, ou de le faire fructifier dans une féconde industrie ; mais le Maure, aimant mieux enfouir ses capitaux que de les rendre productifs en les employant à une industrie quelconque, le commerce se trouve appauvri des espèces monétaires qui cependant en sont l'âme. Tel est ce peuple, qu'on ne peut le faire se dessaisir de l'argent amassé par l'avarice, que par de véritables exactions. C'était, du reste, le moyen qu'employaient les deys d'Alger. Par une justice cruelle, mais qui semblait être justifiée, ils avaient soin de soutirer aux plus riches de leur sujets et aux plus avares, les sommes qu'ils tenaient soigneusement enfouies, lesquelles, enlevées par la rapacité d'un despote, avaient du moins la chance de rentrer dans le commerce. Ainsi, l'avarice et la rage d'amasser, incurables chez les Maures, seront des obstacles incessants à notre civilisation.

Malgré toutes les considérations que nous venons d'exposer, la France doit tous ses soins à l'Algérie. Cette possession est un poids de plus en sa faveur dans la balance de l'Europe; et la raison de cette influence est assez grande pour qu'on doive lui faire encore de nouveaux sacrifices; d'ailleurs cette contrée peut devenir facilement féconde; elle semble n'attendre que les soins du laboureur et du vigneron, pour leur prodiguer les plus riches trésors. La Mitidja est à elle seule une véritable terre promise. Plus loin, même en s'avançant vers les déserts, on trouve une vaste étendue de terres incultes, abandonnées, qui, sentant les bras de l'homme et le soc de la charrue, se changeraient en fertiles et superbes campagnes; elles nourrissent des serpents et des bêtes sauvages, tandis qu'en France nous avons malheureusement beaucoup de citoyens et de familles qui manquent de pain, que le gouvernement ne daigne pas pousser et soutenir sur cette terre qui semble cependant les appeler. Il est donc vrai que les puissants du jour, comme ceux d'autrefois, font beaucoup pour leur ambition et peu pour l'humanité. L'homme monté au pouvoir n'a de soin que pour lui, pour ses parents, et pour des amis qui l'entourent et qui le flattent. Un vaste pays à coloniser est ce qui le touche le moins. Aussi, si l'Algérie devient jamais une colonie florissante, ce sera en dépit des ministres et des gouvernants entre les mains desquels ses intérêts sont remis.

Qu'il nous soit permis d'ajouter encore quelques considérations à celles que nous venons d'exposer. Coloniser, c'est créer une seconde patrie; mais pour créer, bien plus que pour conserver, il faut un génie industrieux, une suite de vues et une constance dans l'entreprise qui ne se démentent jamais. Ces qualités s'associent difficilement avec le caractère léger de notre nation, non pas que nous soyons dépourvus de l'esprit d'entreprise et d'aventure; mais si, pleins de feu pour une nouvelle carrière, nous y entrons facilement, nous nous rebutons de même, et autant l'appât de l'intérêt et de la gloire nous attire, autant la résistance nous lasse.

Cependant, si quelque considération était capable de suppléer en nous aux qualités qui nous manquent, ce serait de voir les pertes de territoires que la France a dû subir, et le besoin que nous avons de les réparer. Notre pays se trouve resserré dans les limites de 89, et privé de ses plus belles colonies. Nous avons perdu Sainte-Lucie, Tabago, l'Ile de France et la magnifique colonie de Saint-Domingue.

C'était donc pour la France une heureuse compensation que la conquête de l'Algérie, qui lui donne deux cents lieues de côtes sur la Méditerranée, situées à deux jours de distance de Marseille et de Toulon, un pays enfin presqu'aussi vaste que l'Italie. Mais depuis 20 ans, l'Algérie n'a été pour la France qu'une cause de dépenses ruineuses. La colonisation est à peu près nulle. L'armée y mourrait de faim, si une flotte ennemie supérieure à la nôtre interceptait les convois qui lui apportent les vivres nécessaires à son entretien.

On a su vaincre, mais on n'a pas su retirer de la victoire les fruits qu'elle devait porter naturellement. On a dompté des peuples barbares, mais on a manqué de génie et de constance, quand il s'est agi de triompher de la nature.

On se demande pourquoi la France ne sait pas fonder de puissantes colonies ? Pourquoi la colonisation d'Alger est si lente ?

Nous en voyons deux causes principales : c'est d'abord un vice de nos institutions ; en second lieu l'incapacité de nos hommes d'État. Quant au vice de nos institutions, qu'il nous suffise de citer la centralisation des administrations, qui demeure pour nous comme une source éternelle d'impuissance à coloniser. Par là, nos malheureux colons sont assujétis à des entraves qui les fatiguent inutilement, et leur font perdre même cette ardeur pour le travail qui ne peut être entretenue que par le sentiment d'une facile liberté. La série de nos formes administratives entraîne, non seulement une couleur d'arbitraire, mais encore, elle donne lieu dans l'expédition des affaires, à une lenteur mortelle pour l'intérêt des colons.

D'ailleurs, pour bien juger des besoins d'une colonie, il faut être sur les lieux. N'est-il donc pas étrange que tout ce qui se rattache aux besoins de l'Algérie et de ses colons soit uniquement subordonné aux décisions absolues de Paris ?

Les maux que les abus de la centralisation produisent sur l'Algérie sont plutôt aggravés qu'atténués par les hommes qu'on y envoie pour la gouverner et la diriger.

Les Romains ont étendu leur puissance sur le monde connu, parce que leur généraux étaient des hommes complets ; ils avaient été questeurs, c'est-à-dire financiers ; ils avaient été édiles, c'est-à-dire administrateurs ; en un mot ils avaient été prêteurs, juges, sénateurs et consuls, c'est-à-dire des hommes d'Etat. Il n'est donc pas étonnant que de pareils hommes aient montré autant de sagesse à fonder, qu'ils avaient montré de valeur à conquérir.

Nos généraux ne sont que militaires, et sont impropres à l'administration. Ce sont des hommes incomplets, et tous les hauts fonctionnaires le sont également. Tous sont pétris des préjugés de la profession où ils sont demeurés à l'étroit toute leur vie.

Quant aux colons, accoutumés dans la mère-patrie à être toujours conduits dans leurs affaires communales et departementales par les fonctionnaires du gouvernement, n'ayant presque jamais rien fait par eux-mêmes, ou par association, ils se trouvent sur le terrain de la colonie, stupéfaits et embarrassés au moindre obstacle. Ils sont toujours indécis et chancelants ; semblables à des enfants qui ne peuvent marcher sans une main qui les soutienne. Et si quelques-uns d'entr'eux, par hasard, ont assez d'habileté et assez d'énergie pour marcher seuls et se diriger eux-mêmes, viennent les habitudes et les lois administratives de la mère-patrie qui leur suscitent des entraves, et sous prétexte de protection et de régularité, mettent entr'eux et le but un obstacle perpétuel et désespérant.

D'un autre côté, imposées aux vaincus, ces lois d'une centralisation paperassière semblent intolérables et presque aussi dures que la conquête.

Rome consèrvait ses conquêtes parce qu'elle laissait aux vaincus la consolation de garder leurs habitudes et leurs lois, et qu'elle savait attendre que le temps vînt leur imposer les siennes.

Les anciennes colonies françaises et les colonies espagnoles furent fondées par des hommes énergiques et libres, par des aventuriers qui ne relèvaient, pour ainsi dire, que de leur génie et de leur audace. Elles sont perdues par la manie de l'uniformité et de la réglementation.

Si la nation anglaise a fondé et fonde chaque jour des colonies sur la surface du globe, si on peut l'appeler la mère des nations, c'est que ses citoyens sont accoutumés à faire leurs affaires eux-mêmes, soit municipales, soit provinciales, soit judiciaires et politiques, et que les hauts fonctionnaires sont des hommes complets, presque tous hommes politiques à l'âge où les Français sont surnuméraires.

Si la race anglo-américaine s'étend sur toute l'Amérique septentrionale et fonde de tous côtés, au milieu des forêts, des colonies politiques de pionniers, qui deviennent ensuite des Etats, c'est que tous les hommes de cette race sont instruits de bonne heure à la gestion des affaires qui doivent les concerner un jour, et que dans quelque situation qu'ils se trouvent jetés, ils ne sont jamais pris au dépourvu. Ajoutez à cela la réflexion soutenue et la patience extrême qu'ils apportent dans leurs desseins comme dans leurs entreprises, et vous ne serez point étonnés que tôt ou tard ils arrivent au but difficile, mais glorieux, qu'ils se sont proposé d'atteindre.

Voilà des exemples que nous devons avoir sans

cesse sous les yeux, et que nous serons obligés d'imiter, si nous voulons que l'Algérie, marchant à de nouvelles destinées, rapporte enfin à la France, désormais sa mère-patrie, autant de satisfaction et de richesse qu'elle lui aura coûté d'argent et de peines.

CHAPITRE III.

VICE DU SYSTÈME SUIVI POUR LA COLONISATION DE L'ALGÉRIE ; — CE QU'IL A COUTÉ.

Le gouvernement du dernier roi, pressé par le vœu de la nation, a dû prendre des mesures pour la conservation et même pour la colonisation de l'Algérie. Mais, comme si l'on avait voulu dégoûter l'opinion publique de cette possession par l'excès des charges qu'elle devait entraîner, on y a dépensé l'argent de la France sans mesure, avec profusion et souvent avec une utilité douteuse.

Plusieurs voies de colonisation se présentaient ; on a choisi celle qui était la plus onéreuse à l'Etat, et la moins utile au but qu'on se proposait.

Il ne fallait pas commencer par faire un appel à des ouvriers pauvres et sans ouvrage, qui se voyant pourvus par l'Etat des instruments de travail, de leur nourriture et de leur complet entretien, se sont trop bien trouvés de cette commode situation pour chercher à en sortir, et puiser dans un travail actif de quoi pouvoir se suffire à eux-mêmes, en sorte que les colons, loin d'être stimulés, étaient portés à l'indolence et à l'oisiveté, en proportion des sacrifices que l'Etat s'imposait pour eux.

Mais, lors même qu'une telle voie de colonisation serait susceptible, contre toute espérance, d'obtenir à la longue quelques succès, l'énorme charge qu'elle imposerait au trésor public devrait en détourner le gouvernement. En supposant qu'on persiste à suivre la même marche, voyons ce qu'il en coûtera avant d'avoir, en Algérie, une colonie viable, c'est-à-dire assez nombreuse pour vivre par elle-même et résister à l'intérieur et à l'extérieur en cas de guerre avec l'Angleterre.

Supposez qu'une milice effective de 50,000 hommes auxiliaires de l'armée fût suffisante pour assurer l'avenir de la colonie. C'est adopter un chiffre très-bas. Pour avoir une milice de 50,000 Français, il faudrait au moins 100,000 familles. Or, qu'est-ce que coûtera une famille à l'Etat? Le général de division de Bourjolly, inspecteur-général en Afrique, dans un écrit s'exprime ainsi :

En portant à 7,000 fr. les dépenses occasionnées par chaque famille, je crois qu'on reste au-dessous de la vérité.

La maison coûte en moyenne	1,800 fr.
Frais de barraquement.	200
Frais de défrichement pour 7 hectares, à 150 fr. l'hectare.	1,050
Rations de vivre pour 4 personnes, pendant 3 ans	1,927
Un bœuf.	100
Une truie	80
Une charrue pour 5 familles, par famille.	16
Réparation de cette charrue pendant 3 ans	50
Une charrette pour 10 familles (part de l'une).	20
Réparations pendant 3 ans	25
Total.	5,268 fr.

Joignez à cela :

Frais généraux à Paris. . . . .

Transport de France en Algérie . . .

Rations d'orge données pendant quatre ou cinq mois ;

Deux quintaux de semences que l'on sera certainement obligé de doubler et même de renouveler plusieurs fois ;

Prestations extra-réglementaires, telles que linges, vêtements, que les colons doivent payer et qu'ils ne paieront jamais.

Des colons sont déjà partis avec des débets de compte de 100 francs.

Etat-major, directeurs, inspecteurs, greffiers, moniteurs d'agriculture, médecins, commis, prêtres, etc.

Transport des malades, aux hôpitaux centraux;

Médicaments à l'hôpital;

Pharmacie, outils, leurs réparations, leurs remplacements;

Travaux d'utilité publique, chemins, conduits d'eau, églises, etc., etc.

La non réussite de la moitié des familles augmentera singulièrement le prix de celles qui resteront. Il faut encore faire entrer en ligne de compte les secours que l'on sera obligé de donner après les trois ans.

Maintenant, si on ajoute au chiffre 7000 francs les dépenses occasionnées en pure perte par les morts, les retours en France ou les non succès, on verra à quelle somme énorme on arrive.

Chaque famille de colons réels et effectifs, coûtera à l'État, en définitive, au moins 10,000 francs, et avec ce système, pour que la colonisation fût capable de produire une milice de 50,000 hommes, il faudrait prendre un milliard à la France.

Mais cette colonisation par l'État, même avec des sacrifices énormes est impossible ; elle est impossible, lors même qu'au lieu de colons qui ne sont que de pauvres ouvriers des villes, incapables de se livrer aux rudes travaux des champs, vous aurez de robustes manœuvres agricoles ;

Nous ne pouvons mieux faire que de citer sur ce point une autorité compétente en cette matière. (1)

« Tout le monde m'accordera, je pense, que ce n'est pas tout de jeter sur le territoire algérien un nombre plus ou moins considérable de familles de cultivateurs auxquelles on concéderait des terres : pour coloniser sérieusement, fructueusement, c'est-à-dire pour que ces familles s'établissent d'une manière définitive, s'implantant sur ce sol nouveau, en constituent la population, et loin de s'y amoindrir, s'y accroissent et s'y développent, une condition est indispensable : c'est que ces familles prospèrent. Pour cela il faut qu'elles fassent de la culture, qu'elles produisent des denrées échangeables. Or, l'agriculture exige, comme toute autre branche de production, le concours de trois éléments : travail, capitaux, intelligence.

» Certes les bras sont indispensables pour exploi-

(1) Colonisation et agriculture en Algérie t. II, p. 10, etc., par M. Moll, professeur d'agriculture, au Conservatoire.

ter le sol de l'Algérie; mais de même que la machine à vapeur la plus puissante cesse absolument de fonctionner lorsqu'elle manque de combustible, et devient, non pas seulement inutile, mais dangereuse lorsque, marchant, elle manque d'une direction intelligente, de même les bras ne sont rien sans les capitaux pour les nourrir, l'intelligence pour les guider : ceci est l'a b c de l'économie politique.

» Or, les petits cultivateurs que le Gouvernement place dans les nouveaux villages, ont bien leurs bras, mais la plupart manquent de moyens pécuniaires, et tous, ou presque tous, des connaissances nécessaires pour réussir. Mais, dira-t-on, leurs connaissances pratiques, leur expérience en agriculture?

» Leur expérience, sait-on ce que c'est? C'est la connaissance d'un ensemble de faits non expliqués, qui se rapportent exclusivement à la commune qu'ils habitaient, souvent même aux champs qu'ils cultivaient, connaissance toujours insuffisante, même pour la localité où elle a pris naissance, à plus forte raison incomplète, défectueuse, fausse pour toute autre contrée et surtout pour un pays aussi exceptionnel que l'Algérie. Avec cette expérience, le colon du Nord fait du blé, de l'orge, de l'avoine, du trèfle, des pommes de terre, comme il les faisait chez lui. Il plante ces dernières en avril, assez tôt pour que le végétal se développe, assez tard pour qu'il périsse infailliblement par la sécheresse. Il taille sa vigne court et n'a rien ; il traite ses bestiaux comme en France et les perd ; on ne réussit à les conserver que par des dépenses hors de proportion avec le résultat. De cotonniers, d'oliviers, de figuiers, d'amandiers et de toute cette série de cultures méridionales qni constituent la richesse de l'Algérie, il n'en est pas plus question qu'en Franche-Comté, en Lorraine et en Alsace.

» Sans doute le colon du Midi évitera une partie deces grosses erreurs.... Cela n'empêche pas qu'il y commettra également bien des fautes, et qu'il aura une dure école à y faire. J'ai vu, à Marseille, les restes de plusieurs pauvres familles de cultivateurs provençaux qui revenaient de l'Algérie après y avoir perdu leur petit patrimoine et plusieurs de leurs membres. Arrivés en Afrique avec quelque aisance, elles avaient tout dépensé en contructions ou travaux de défrichement et en denrées nécessaires pour vivre, et lorsqu'enfin elles espéraient recueillir le fruit de tant de labeurs, les récoltes traitées à la manière de leur pays, leur avaient fait défaut, ou avaient donné un rendement si minime, qu'elles n'avaient pas payé les frais.

» Ce que je dis des provençaux s'applique également aux colons des Baléares, de l'Andalousie, de Valence, de Malte, etc.

» Certes, il y a d'excellentes choses à prendre dans l'agriculture de ces diverses contrées ; mais, introduire en bloc l'une de ces agricultures, sans lui faire subir de nombreuses modifications nécessaires par les circonstances agricoles toutes spéciales de l'Algérie, ce serait se condamner d'avance à d'inévitables échecs.

» Car, jamais le cultivateur n'apportera spontanément la moindre modification à ses habitudes routinières : qu'on le transporte sous l'Équateur ou le cercle polaire, il y appliquera invariablement les notions locales qu'il a puisées dans l'exemple de ses pères ; d'ailleurs, il voudrait changer qu'il ne le pourrait pas faute de connaissance et d'argent.

» L'homme instruit qui a étudié l'agriculture non seulement comme art, mais aussi comme science, est seul capable d'arriver, après un examen approfondi des circonstances locales, à la détermination du système de culture à suivre dans chaque situation donnée. Cela est vrai pour l'Algérie où tout est à créer, cela est encore vrai pour les divers pays de l'Europe où règne déjà une agriculture plus ou moins avancée.

» Partout, en effet, la grande culture a été la cause principale ou plutôt unique du progrès ; c'est à ses *landlords*, à ses *gentlemen farmers* que l'Angleterre doit l'état avancé de son agriculture, aujourd'hui la première du globe. Si la France est arriérée c'est, au contraire, parce que tout en possédant de la grande propriété, elle n'a pas ou n'a presque pas de grande culture, et une des principales causes du peu de succès de nos tentatives de colonisation, c'est que la grande culture, faute d'instruction, n'y a pas rempli la mission qui lui était dévolue, celle de marcher en avant, de guider la petite culture dans la bonne voie.

»Que l'on examine ce qui s'est passé dans d'autres colonies, et notamment dans la plus récente de toutes, à la Nouvelle-Galles du Sud, et l'on verra la confirmation de ce que j'avance ici. Le succès de cette colonie si long-temps languissante, date du jour où de riches et habiles fermiers anglais vinrent y apporter leur intelligence et leurs capitaux.

» Cette influence de la grande culture se conçoit. Seule, elle peut se tenir au courant de la science; elle peut connaître les découvertes, les améliorations qui s'accomplissent ailleurs; seule, elle possède assez de connaissance et de capitaux pour pouvoir expérimenter avec succès... Que l'on passe en revue les nombreux et importants perfectionnements qui se sont effectués depuis un siècle dans l'agriculture des diverses parties de l'Europe, et l'on verra que tous ou presque tous sont dus à la grande culture.

» Bien loin d'avoir été à la tête du progrès, la petite culture lui a été presque toujours hostile. Ce n'est qu'à son corps défendant, et après avoir eu, pendant de longues années, sous les yeux, les preuves irrécusables de la supériorité des innovations introduites par la grande culture, qu'elle s'est décidée à les adopter.

» Si la grande culture est utile, partant, on peut dire qu'elle est indispensable en Algérie ; car là, il ne s'agit pas comme en France, de perfectionner une chose qui existe, une agriculture donnant déjà des résultats ; il s'agit de créer de toutes pièces, un système de culture dans un pays à peu près inculte, sans faits antérieurs, sans antécédents qui puissent servir de guide, et au milieu de circonstances agricoles entièrement différentes de celles qui règnent en Europe. Autant vaudrait charger un aveugle du tracé d'une route dans une localité nouvelle pour lui, que d'attendre de nos petits cultivateurs la combinaison d'un système rationel de culture dans une occurence semblable.

» D'un autre côté, la grande culture, qui seule ne saurait peupler convenablement notre colonie, ne saurait pas davantage, quelque soit le système qu'elle adopte, se suffire à elle-même. A certaines époques, elle aura besoin d'un supplément de bras qu'elle ne pourra trouver que dans la petite culture. De la réunion de la grande et de la petite culture en Algérie, peut donc seul résulter le succès de la colonisation, car elles viendront se complèter mutuellement. »

Tout en nous associant à la pensée d'établir et d'encourager la grand culture en Algérie, nous devons dire que, même en France, son développement ne marche qu'avec lenteur et incertitude. Pourquoi? Parce que le capitaliste ne veut rien faire par lui-même; il ne voit pas là une source certaine de tripler ses revenus.

Quel serait donc le moyen le moins dispendieux et le plus sûr pour faire fleurir la colonisation? Ce sera le but d'un chapitre spécial. Qu'il nous soit seulement permis de démontrer auparavant les fautes commises et les dépenses jetées à profusion par tous ceux qui ont tenté de coloniser l'Algérie.

Par les chiffres que nous soumettons à nos lecteurs, l'on verra ce que coûte l'Algérie depuis sa conquête.

Chiffre énorme et ignoré de bien du monde; chiffre dont on ne s'est guère inquiété; millions enfouis sans espoir de profit, et votés avec trop d'ignorance, ou trop de complaisance par nos anciens députés et hommes d'Etat.

Nous donnons le chiffre des dépenses occasionnées par l'Algérie.

MINISTÈRE DE LA GUERRE.

—

Année 1830.

Bulletin des lois 93, n° 2726 du 13 août 1830.

Traitement et gratification d'entrée en campagne de M. le lieutenant général Clauzel, en sa qualité de commandant en chef de l'armée d'Afrique.

Solde de son grade, 40,000 f. Frais de représentations et de bureau, 80,000 f. Gratification d'entrée en campagne, 8,000 fr. *Dépenses causées par l'occupation française*, 5,000,000 f.	5,128,000 f.

A partir de cette époque, le bulletin des lois, article budget, ne porte aucune dépense jusqu'à l'année 1836. Nous devons seulement les chiffres que nous donnons, soit à des renseignements particuliers, soit à des documents déjà connus ; nous n'en prenons pas, cependant, la responsabilité, n'étant pas assuré d'une manière positive de leur justesse.

Année 1831	31,817,000
Année 1832	37,000,000
A reporter. . . .	73,945,000

Report. . .	73,945,000 f.
Année 1833 (1)	42,067,907
Année 1834, 22,670,900 f. Article porté au budget pour service administratif et frais de colonisation en Afrique, 1,776,000 f.	24,446,900
Année 1835, 28,096,000 f. Article porté au budget pour service administratif en Afrique, 1,524,000 f.	29,620,000
Année 1836, 7 août 1835. — Bulletin 151, n° 350. Possession française dans le Nord de l'Afrique, 20,522,000 f. B. 518. Accroiss[t] de l'effectif en Afrique, dép[s] non prévues au budget, 5,242,000 f. Frais de voyage et de séjour d'une commission extraordinaire envoyée en Afrique, 24,000 f.	25,788,000
A reporter....	195,867,807

(1) En l'année 1831 eut lieu un commencement de colonisation occasionnée par l'occupation de la Maison Carrée et de la Ferme Modèle, sur les deux rives de l'Arrach. Elle fut commandée par des considérations militaires. Les émanations pestilentielles des marais qui avoisinent ces deux postes, causèrent de cruels ravages dans l'armée pendant les années 1831 et 1832.

Ces émanations nécessitèrent l'évacuation des avant-postes pendant l'été de 1833, et on résolut alors de dessécher les marais les plus rapprochés de ces postes.

Ces travaux furent faits :

1° Par 500 condamnés pendant deux mois ;

2° 600 disciplinaires pendant quinze jours ;

3° 500 Arabes pendant un mois.

Report.... 195,867,807 f.

Année 1837, 18 juillet 1836. B. 445, n° 6206. — Possessions françaises dans le Nord de l'Afrique, 20,332,949 f. 10 juillet 1837.—B. 515, n° 6909. Loi qui qui ouvre sur l'exercice 1837 un crédit pour dépenses extraord[res], 14,658,227 f.	24,991,176
Année 1838, 20 juillet 1837. B. 523, n° 6960, 3e section.—Possessions françaises dans le Nord de l'Afrique,	22,646,499
Année 1839, 18 juillet 1838. B. 588, n° 7473, 3e section. —Possessions françaises dans le Nord de l'Afrique.	32,802,541
Année 1840, 10 et 15 août 1839. B. 688, n° 8721. — Possessions françaises dans le Nord de l'Afrique, 35,487,709 f, B. 694 , no 8357, 1er décembre 1839. — Crédit extraordinaire pour l'accroissement de l'effectif de l'armée d'Afrique, 3,510,000 f. B. 596, no 8977, 9 décembre 1839. — Ordonnance qui ouvre un crédit extraordinaire pour dépenses pour l'Algérie, non prévues dans le budget de la guerre, 19,987,000 f. B. 696, no 8378, 9 décembre 1839. — Ordonnance qui ouvre sur l'exercice 1840, un crédit extraordinaire pour dépenses de la commission scientifique d'Algérie, non prévues par le budget, 175,000 f. B. 770, no 8933, 31 oct[e] 1840. — Ordon[e] qui ouvre un crédit de 3,712,397 f.	62,872,106

A reporter.... 339,180,129

Report....	339,180,129 f.
Année 1841 (1), 15 et 25 juillet 1840.	
Fixation du budget de l'exercice 1841. B. 748, nº 872, 2e section.—Possessions françaises dans le Nord de l'Afrique,	36,392,041
Année 1842.	
B. 832, nº 9411, 25 juin, 10 juillet 1841, état A, 2e section.— Possessions en Algérie, 47,050,984 f. B. 242, nº 10196, 19 juillet et 6 septembre 1842.—Ordonnance royale qui ouvre un crédit extraordinaire de 26,072,943 f. B. 949, nº 10268, 2 et 18 octobre 1842.—Ordonnance qui ouvre un crédit pour création de nouvelles routes, 500.000 f.	73,623,927
Année 1843, 11 et 20 juin 1842.	
B. 915, nº 10033, état A.— Matériel d'artillerie, travaux extraordinaires en Algérie, 150,000 f. Matériel du génie, 5,640,000 f. Gouvernement en Algérie, 396,000 f. Service militaire irrégulier, 5,354,000 f. Service maritime, 465,000 f. Service civil, 1,680,000 f. Travaux civils extraordinaires, 1,780,000 f. Dépenses secrètes (2), 250,000 f.	15,715,000
A reporter....	464,911,097

(1) La colonisation n'a réellement commencé qu'à partir du 15 août 1841, époque de l'arrivée de M. le maréchal Bugeaud en qualité de gouverneur général de l'Algérie.

(2) En 1845, les sommes affectées par les Européens aux constructions particulières s'élevaient, savoir : au 31 décembre 1842 à 27,417,150 f.
En 1845 à 10,226,600

Total.... 37,643,750

Report.... 464,911,097 f.

Année 1844, 24 juillet, 2 août 1843.

B. 1028. nº 10803, état A.—Matériel d'artillerie, travaux extraordin^res^, 150,000 f.
Matériel de génie en Algérie, 5,646,000 f.
Gouvernement en Algérie, 579,000 f.
Service militaire irrégulier, service maritime et service civil, 11,341,529 f.
Colonisation, 500,000 f.
Travaux civils extraordinaires, 2,385,000 f.
Dépenses secrètes, 250,000 f.
B. 1152, nº 647, 23 et 29 novembre 1844. — Crédit pour dépenses urgentes et non prévues, 6,345,075 f.
B. 1121, nº 11393, 23 juillet, 3 août 1844. — Crédit pour entretien de 15,000 hommes en sus, 7,673,859 f.

} 34,870,463

Année 1845, 4 et 7 août 1844.

B. 1123, nº 11401, état A. — Matériel d'artillerie, travaux extraordinaires en Algérie, 150,000 f.
Matériel du génie, 5,646,000 f.
Gouvernement en Algérie, 642,500 f.
Service militaire indigène, 8,709,150 f.
Service maritime, 300,000 f.
Id. civil, 1,293,250 f.
Colonisation, 1,000,000 f.
Travaux civils extraordinaires, 2,790,000 f.
Dépenses secrètes, 250,000 f.

A reporter.... 499,781,560

Report.... 499,781,560 f.

Suite de l'année 1845. 12 juin 1845. Crédit ponr augmentation de l'effectif et pour dépenses imprévues, 14,787,543 f. B. 1261, n° 1246, 19 décembre 1845. — Crédit supplémentaire pour vivres et fabrication de poudre de guerre et de commerce, 2,630,144 f. B. 1246, n° 12313, 27 octobre 1845. — Crédit pour dépenses urgentes imprévues, nécessitées pour les guerres, 4,471,229 f.	TOTAL de l'année 1845. 42,669,816
Année 1846, 19-25 juillet 1845. Etat A, B. 1224, n° 12111. — Matériel d'artillerie extraordinaire en Algérie, 432,000 f. Matériel de génie, 5,546,000 f. Gouvernemt et administration, 2,003,140 f. Service militaire indigène, 6,509,140 f. Service maritime, 300,000 f. Services civils, 3,779,400 f. *Colonisation*, 1,500,000 f. Travaux civils, 5,750,000 f. Dépenses secrètes, 250,000 f. B. 1310, n° 12820, 3 et 9 juillet 1846. — Crédit extraordinaire ouvert pour matériel de génie en Algérie, 2,000,000 f. Service indigène, 1,093,000 f. Service maritime, 105,000 f.	

A reporter.... 542,451,376

Report.... 542,451,376 f.

Suite de l'année 1846. Services civils, 50,000 f. Travaux civils et dép[s] secrètes, 200,000 f. 28 décembre 1846. Crédit pour dépenses urgentes occasionnées pour inondations et pour rachat de prisonniers français, 342,000 f.	TOTAL de l'année 1846. 30,147,540
Année 1847, 3 et 10 juillet 1846. Etat A, B. 1311, n° 12824. — Matériel d'artillerie, travaux extraordinaires en Algérie, 150,000 f. Matériel de génie, 5,646,000 f. Gouvernem[t] et administration. 2,146,200 f. Service militaire indigène, 7,415,909 f. Service maritime, 482,000 f. Services civils, 3,978,235 f. *Colonisation*, 1,500,000 f. Travaux civils, 6,466,900 f. Dépenses secrètes, 250,000 f.	28,031,234
Année 1848, 12 et 28 décembre 1847. B. 107, n° 990. — Matériel d'artillerie, dépenses ordinaires et extraordinaires en Algérie, 14,702,707 f. Matériel du génie en Algérie, 4,646,000 f. Gouvernem[t] et administration, 2,310,060 f. Service militaire indigène, 6,419,992 f.	

A reporter.... 600,630,160

Report.... 600,630,160 f.

Suite de l'année 1848.

Service maritime, 492,000.
Id. civil, 4,326,000 f.
Colonisation, 6,607.958 f.
Travaux civils, 6,551,547 f.
Expropriation, 2,000,000 f.

48,056,264

Année 1849.

Etat A, B. 162, n° 1322.

Matériel d'artillerie en Algérie, 275,000 f.
Id. de génie id. 4,300,000 f.
Gouvernement et administration générale, 771,000 f.
Service indigène, 7,735,500 f.
Service maritime, 532,000 f.
Administration provinciale, 625,000 fr.
Service financier, 4,301,115 f.
Indemnités sur expropriation, 2,000,000 f.
Colonisation en Algérie, 1,684,000 f.
Colonies agricoles en Algérie, 10,000,000 f.
Travaux civils ordinaires et extraordinaires, 6,053,660 f.

35,267,275

Année 1850.

15 mai 1850, B. 259, n° 2127.

Matériel d'artillerie, 316,000 f.
Id. de génie, 3,800,000 f.
Gouvernem[t] et administration, 771,000 f.

A reporter.... 683,953,699

Report.... 683,953,699 f.

Suite de l'année 1850.	
Service militaire des indigènes, 7,460,700 f.	TOTAL de l'année 1850.
Service maritime, 532,000 f.	
Administration provinciale, 695,300 f.	
Service financier, 1,327,415 f.	
Indemnité sur expropriation antérieure en 1845, 400.000 f.	27,223,075
Colonisation, 1,715,000 f	
Colonies agricoles, 4,500,000 f.	
Travaux civils, 5,505,660 f.	
Dépenses secrètes, 200,000 f.	

(1) TOTAL GÉNÉRAL......... 711,176,774 f.

Ainsi donc l'Algérie, depuis 1830, époque de sa conquête, coûte à la France une somme de *sept cent onze millions cent soixante-seize mille sept cent soixante-quatorze francs.*

Qu'a rapporté l'Algérie? Nous soumettons le résultat des premières années de notre conquête.

Les chiffres parlent assez. Aujourd'hui les chiffres sont semblables, quant aux bénéfices. Pour la dépense, elle augmente tous les ans.

Rapports d'impôts prélevés en Algérie, par le gouvernement français, et sa population.

(1) Nous ferons observer que certains colons ont reçu très souvent des secours du Ministre de la guerre, prélevés sur ses fonds secrets et qui ne paraissent pas au budget.

En 1831, au commencement de notre domination et de nos établissements.

Population européenne	3,228 âmes.
Troupes françaises proprement dites,	17,190 h[es].
Impôts et revenus de.	929,709 f. 67 c.
Recouvrements accidentels du payeur.	118,769 45
Total	1,048,479 12

Année 1832.

Population européenne . . .	4,858 âmes.
Troupes, soldats français. .	21,511 hommes
Impôts et revenus..	1,400,415 77
Recouvrements accidentels du payeur	168,692 69
Total	1,569,108 46

Année 1833.

Population européenne . . .	7,812 âmes.
Troupes, soldats français. . .	26,681 hommes
Impôts et revenus..	1,808,460 19
Recouvrements accidentels du payeur	426,694 14
Total	2,237,154 33

Année 1834.

Population européenne . . .	9,730 âmes.
Soldats français	29,858 hommes

Impôts et revenus.	2,119,187 f. 50 c.
Recouvrements accidentels du payeur	423,473 14
Total.	2,542,660 64

ANNÉE 1835.

Population européenne. . .	11,221 âmes.
Soldats français	29,485 hommes
Impôts et revenus	2,180,335 93
Recouvrements accidentels du payeur	338,185 54
Total.	2,518,521 47

ANNÉE 1836.

Population européenne. . .	14,561 âmes.
Soldats français	29,897 hommes
Impôts et revenus	2,538,658 05
Recouvrements du payeur. .	331,371 17
Total.	2,870,029 22

ANNÉE 1837.

Population européenne. . .	16,770 âmes.
Soldats français.	40,147 hommes
Impôts et revenus	3,080,024 45
Recouvrements du payeur. .	625,828 20
Total. . . .	3,705,852 64

ANNÉE 1838.

Population européenne. . .	20,078 âmes.
Soldats français.	48,167 hommes

Impôts et revenus.	3,573,869 f. 03 c.
Recouvrements du payeur .	604,002 54
Total	4,178,861 67

Année 1839.

Population européenne. . .	25,080 âmes.
Soldats français	50,367 hommes
Impôts et revenus.	3,581,680 68
Recouvrements du payeur. .	888,190 27
Total	4,469,870 95

Année 1840.

Population européenne. . .	28,736 âmes.
Soldats français.	61,231 hommes
Impôts et revenus.	4,405,317 55
Recouvrements du payeur. .	1,205,392 82
Total. . . .	5,610,710 37

Année 1841.

Population européenne. . .	35,870 âmes.
Soldats français.	72,000 hommes
Impôts et revenus.	6,057,506 28
Recouvrements du payeur. .	2,801,624 21
Total. . . .	8,859,130 49

Année 1843.

Population européenne. . .	65,000 âmes.
Soldats français	78,474 hommes
Impôts et revenus	7,786,855 69
Recouvrements du payeur. .	3,821,622 32
Total. . . .	11,608,478 01

Comme on le voit, par quelques chiffres que nous soumettons, les impôts obtenus en Algérie ont été très inférieurs à la dépense qu'on y fait. Il en est encore de même. Et cependant, l'Algérie peut ouvrir plusieurs branches à l'industrie active; le tout, c'est de déterminer nos compatriotes à transporter leur talent, leur industrie, leur savoir faire et leur activité; car l'Algérie peut exporter, savoir : blé, orge, maïs, fèves, pois chiches, escayol, raisins, figues sèches, dattes, tabac, bêtes à cornes, moutons, chèvres, huiles, cire, miel, laine, serge, toiles grossières, brocards, taffetas, mousselines, mouchoirs brodés, ceintures de soie, maroquins, bonnets turcs, nattes, plumes d'autruche, vermillon, essences de roses, nirains.

De plus, l'Algérie possède des lacs, la plupart très riches en sels (Le *Meldgig*, l'*El-chot*, le *Tittérié*, le lac d'*Oran*, le *Bogai* et d'*Edores*).

Les magnifiques et inépuisables salines d'*Arzer*.

Les mines de plomb, de cuivre, de nitre, de vermillon, d'antimoine, d'argent et même d'or.

L'Algérie peut en outre favoriser plusieurs branches de commerce, savoir :

La pelleterie, le minerai qui se trouve en profusion.

Les lainages, par la quantité de bestiaux à cornes.

Les huiles, par la culture facile de l'olivier.

La canne à sucre, qui peut facilement être cultivée dans cette contrée.

On a dépensé, pour la colonisation, une somme de *trente-sept millions quatre cent cinquante mille neuf cent cinquante-sept francs quatre-vingt cinq centimes* (1) sans succès, tandis qu'avec ces sommes on eut pu obtenir des résultats immenses.

Espérons que le Gouvernement, instruit par les leçons de l'expérience et par sa propre sagesse, écartera de funestes événements, et saura embrasser les seules mesures propres à obtenir une bonne et durable colonisation.

Les colonies militaires de Crimée, par leurs féconds résultats, sont un exemple et un monument du pouvoir de la volonté, et cela est d'autant plus étonnant qu'elles sont établies sur un sol ingrat et n'offrant presqu'aucun des avantages qui appartiennent à l'Algérie.

(1) Qui, réuni au chiffre de 37,643,750 francs affectés par les Européens aux constructions, font un total de 70,098,707 fr.

CHAPITRE IV.

COLONISATION MILITAIRE EN CRIMÉE.

IL est difficile, quand on traite une question de colonisation, de ne pas jeter un coup-d'œil sur cet empire immense qui se déploie en Europe et en Asie; et qui, non seulement devient menaçant par sa puissance toujours croissante, mais qui semble encore destiné à nous montrer la voie qu'il faut suivre pour donner aux colonies la force et la prospérité. Nous croirions, en effet, omettre un point important pour le sujet qui nous occupe, si nous ne donnions un aperçu de ce qu'on a fait et de ce que l'on fait encore en Russie pour rendre une colonisation féconde et salutaire,

L'empereur Alexandre, séduit par la vue des régiments frontières en Autriche, et frappé des avantages de civilisation et d'économie qui dérivent de cette organisation, eut la pensée d'établir quelque chose d'analogue dans ses Etats. Déjà en Russie, sous le règne de l'impératrice Elisabeth, une population de serfs, étant venue s'établir dans les gouvernements de la nouvelle Russie, avait reçu des terres et avait été formée en divers régiments de cavalerie. Cette colonisation réussit alors assez bien. Mais sous le règne de Catherine II, une nouvelle organisation de l'armée ayant eu lieu, on abandonna ce système.

C'est en 1817 que des ordres furent donnés au général Araktschejeff, ministre de la guerre. Il fut décidé que les colonies d'infanterie seraient établies sur les bords du Volkoff, et celles de cavalerie sur ceux du Bug de la Signiska et du Dnieper. Le choix de l'emplacement des premiers fut malheureux. La base de la population manquait complètement; les terres étaient stériles et bornées. Cet établissement ne pouvait avoir et n'eut aucun succès. Les immenses constructions qui y ont été faites servent maintenant à loger les troupes qui y sont placées. Ce sont de grands cantonnements à portée de la capitale. Les colonies du Midi étaient dans de meilleures conditions; la population était en rapport avec la force des troupes, et elles se trouvaient dans des plaines sans limites et d'une fertilité extraordinaire. Mais le système du général Araktschejeff était mal conçu, il ne pouvait donner des résultats favorables. Le général de Witt qui, sous ses ordres, était chargé de l'établissement et de la conduite de ces colonies, en fut frappé. Il présenta un mémoire à l'empereur Alexandre, où il faisait ressortir les inconvénients du système adopté et en proposa un différent. L'Empereur lui permit, en 1821, comme essai, de coloniser la troisième division de cuirassiers. Le succès le plus complet ayant été obtenu, l'Empereur régnant décréta que ce mode serait appliqué à tous les régiments colonisateurs, qui sont aujourd'hui au nombre de vingt, et forment cinq divisions, savoir :

Trois dans le gouvernement de Cherson, et deux dans celui de Charkoff.

Je vais entrer dans le détail de leur organisation, et les résultats que j'indiquerai se rapporteront, en particulier, au trois premières divisions.

La population qui fut destinée à leur servir de base se composait des cosaques du Bug, formant autrefois trois régiments de cosaques irréguliers, reste des cosaques Zaporognes, si célèbres par leurs désordres et leur brigandages, et d'un assez grand nombre de Valaques, Moldaves et Bulgares qui avaient quitté la Turquie et étaient venus, à différentes époques, s'établir dans ces parages.

Enfin, de petits russiens d'Ukrainiens et de paysans de l'intérieur de l'Empire qui, manquant de terrain, y avaient été envoyés. Ces derniers se disaient paysans de la couronne, et payaient ou devaient payer un impôt de dix roubles par tête de paysan mâle. Mais comme rien n'avait été établi régulièrement, le Gouvernement ne retirait pas la moitié de ce qui lui était dû. La totalité de cette population comptait soixante-cinq mille âmes. On colonisa trois divisions, savoir :

Une de cuirassiers et deux de lanciers.

Chaque division, composée de quatre régiments, les divisions de lanciers furent nommées : l'une, la division de l'Ukrain, et l'autre, la division de Bug.

On répartit la population et les terres de manière à satisfaire aux besoins des régiments Ainsi, dans la colonisation de ces douze régiments, chacun reçut une population de 11 à 12 mille âmes ; on divisa les terres de chaque régiment en deux parties : l'une fut donnée aux habitants, l'autre réservée à la couronne et cultivée à son profit : on prit pour unité dans la distribution des terres aux paysans, la surface nécessaire au travail d'une charrue ; la charrue se composa de 90 dissetines de terre (la dissetine a une surface de 2400 sagines, ou 2481 toises carrées) divisées en quatre ou cinq parties, situées dans les différents cantons, afin d'égaliser autant que possible les valeurs et les produits. Chaque charrue dut avoir trois paires de bœufs pour son travail ; plus, une paire de réserve, deux chevaux de trait, deux vaches et douze brebis.

Le paysan qui possédait cette quantité de bétail reçut 90 dissetines qu'il devait cultiver ; celui qui ne possédait qu'une partie de ce nombre de bestiaux fut réuni à un autre pour le compléter ; et alors, ces deux familles possédèrent en commun une charrue. Des maisons en nombre égal à celui des charrues, d'une capacité suffisante pour loger les cultivateurs et les soldats qu'elles devaient recevoir, furent bâties sur un plan régulier. Les matériaux furent donnés gratuitement aux paysans, et des villages nouveaux, ornés de belles plantations s'élevèrent partout. On détermina leur force de manière à réunir les hommes d'un escadron ou d'un demi-escadron ; et comme en Russie un escadron est de 180 hommes, il y eut par village 180 ou 190 maisons. On imposa à chaque possesseur d'une charrue l'obligation : 1° de loger et de nourrir un soldat ; 2° de donner à la couronne pour les travaux publics et la culture des terres qu'elle s'était réservées, deux journées de travail par semaine ; mais loin de les exiger, on ne dépasse pas aujourd'hui le nombre de 44 journées par an : c'est le seul et unique impôt direct ou indirect que l'on demande aux cultivateurs ; 3° enfin on consacra la jeunesse mâle de cette population au recrutement du régiment qui y fut placé et destiné à y rester constamment cantonné en temps de paix.

Des maisons furent bâties en outre pour le logement des officiers et des sous-officiers, pour l'administration, pour les écoles; des écuries pour les chevaux de troupes furent construites; on éleva enfin une église dans chaque village. L'état-major de chaque régiment fut placé, autant que possible, au centre du territoire formant son arrondissement. Là s'élèvent une caserne et des écuries pour recevoir un escadron de service, et à tour de rôle, tous les escadrons du régiment viennent, en temps déterminé, sous les yeux du colonel. On y a établi en outre un manége couvert et un hôpital qui sert tout à la fois pour les soldats et pour la population des deux sexes, et où les malades sont reçus et traités gratuitement.

Aujourd'hui cette colonie est en pleine prospérité. Ce sont des champs et des villages où l'ordre et la fertilité président. Des plaines arides et silencieuses ont disparu pour faire place à l'abondance, au mouvement et à la vie. Tels sont les magnifiques exemples qui nous sont donnés par un peuple que nous regardons cependant comme si arriéré dans les voies de la civilisation.

Et nous Français, dont l'activité et l'industrie ont brillé en tant de manières, serions-nous incapables de donner la vie à de pareils établissements?

Non, assurément. Que le Gouvernement montre un désir profond de coloniser, qu'il soit fidèle à toutes ses promesses, qu'il fasse luire aux colonies l'espoir d'une protection puissante et assidue, et alors vos ouvriers robustes et propres au travail des champs, ne craindront plus de s'expatrier. Vous ouvrirez ainsi une carrière à cette foule d'anciens militaires qui sont renvoyés, chaque année, dans leurs foyers, et qui rentrant, la plupart, dans la classe ouvrière, à qui déjà l'ouvrage fait défaut, ne font qu'augmenter les bras inutiles. Cette oisiveté forcée devient nécessairement une source de misère, de vices et de crimes. Heureux du siècle, s'il est vrai que vous soyez dignes de votre bonheur, et si vous voulez qu'il soit durable, cessez de couvrir d'un dédaigneux oubli vos frères nombreux que la fortune opprime. Craignez que les vengeances ne sortent un jour du fond de leur misère, et qu'elles ne soient d'autant plus terribles que vous l'aurez irritée et méprisée plus long-temps. N'attendez pas ce jour où vous diriez avec amertume, il est trop tard. Mais il est temps de quitter cette digression et de revenir à notre sujet.

CHAPITRE V.

CE QU'IL FAUDRAIT POUR ARRIVER A UNE BONNE COLONISATION.

UNE fatalité qui a pesé longtemps sur l'Algérie, a été l'incertitude du gouvernement de juillet, sur la conservation ou l'abandon de cette conquête. Oui, si triste à rappeler que soit cette vérité, dans ces jours qui suivirent la révolution de 1830, telle fut la fureur de l'égoïsme et le mépris de l'intérêt de la France comme de sa dignité, qu'on a vu des hommes d'état marquants, favoris, sinon interprètes de leur roi, proposer avec persévérance de rendre la Méditerranée aux exactions des corsaires africains, d'abandonner une vaste et fertile terre achetée par le sang de nos soldats, et de la livrer à la première puissance rivale qui aurait daigné s'en emparer. Nous lisons, en effet, ce qui suit, au *Moniteur* : « La régence d'Alger a été, à l'occasion du budget du ministère de la guerre, l'objet d'une longue discussion. Trois systèmes ont été mis en présence ; l'un est d'abandonner entièrement Alger ; le deuxième, d'occuper seulement quelques points militaires et quelques points maritimes du pays ; le troisième système est celui de la colonisation. La chambre des députés a repoussé, d'acclamation, le premier système, elle a rejeté un amendement de M. de Sade, qui tendait à préjuger l'adoption du second. Mais elle n'a rien décidé sur la question de colonisation, au milieu de diverses théories qui lui ont été exposées dans le but de mettre la prochaine législature à même de se former une opinion éclairée et consciencieuse, elle a adopté la proposition de M César Bacot. » (*Moniteur* du 3 mai 1834).

Ainsi, du haut des colonnes de son journal officiel, le gouvernement manifestait son indifférence pour la conservation ou l'abandon de l'Algérie, et par là, jetait le découragement parmi les colons qui commençaient à donner la vie à cette contrée, effrayant ceux-qui auraient été tentés d'y transporter leurs capitaux avec leur industrie, et imprimait à la colonisation un retard funeste.

L'abandon de l'Algérie ne put être prononcé. On le désirait. L'Angleterre ne le désirait pas moins ; mais qu'aurait dit la France ? Il fallut attendre. A travers mille tiraillements et mille incertitudes, on arriva en 1844. Cette question se trouva de nouveau mise à l'ordre du jour, et si elle ne fut pas tranchée définitivement au préjudice de la patrie, c'est que l'on s'arrêta, comme la première fois, devant la crainte des récriminations populaires. Mais la mauvaise volonté du gouvernement ne se démentit pas. Peu de temps après, eut lieu le rappel d'un homme que l'Algérie regrettera éternellement. M. le maréchal Bugeaud, par son caractère droit et ouvert, autant que par son génie hardi, s'était concilié tous les esprits. Les naturels le regardaient comme un père, les colons comme un ami, et tous comme un protecteur dévoué, puissant et nécessaire. Il était en voie de rendre la colonie prospère, ce qui contraria les désirs de ceux qui l'y avaient placé pour la diriger. Il fut rappelé. L'illustre maréchal vint à Paris développer son mode de colonisation et faire valoir ses idées de toute la franchise de son éloquence. On l'écouta à peine; mais personne n'osa attaquer la justesse de ses pensées.

Il entre dans notre sujet d'exposer un résumé de ses opinions. « Quatre millions d'Arabes, disait-il, sont sous notre domination. Cela fait cinq à six cent mille guerriers, qni chacun ont un cheval et un fusil, et qui sont tous très habiles, pris individuellement. En présence d'un tel peuple, il ne faut pas être faible. Il faut constituer la population d'une manière forte. Il faut donc établir, en même temps que la colonisation civile sur la côte, la colonisation militaire dans l'intérieur. Pour être fort, il faut des corporations et point des individus. Les colons militaires, soumis à la discipline réduite dans de certaines proportions, exécuteront, dans leurs moments perdus, tous les grands travaux d'utilité publique. Dans les mois de juillet, août, septembre et octobre, il est impossible de cultiver la terre ; elle est trop dure ; il faut se croiser les bras. Les colons civils ne feront rien ; mais les colons militaires obéiront à un chef qui leur dira : Il faut barrer ce ruisseau, avec lequel vous pourrez irriguer un vaste terrain, et on le fera. Il y a une route indispensable pour communiquer avec telle ville, avec tel centre de population, allons l'établir. On le suivra, et la route sera faite. Il faut créer, ajoutait le maréchal, une force qui soit attachée au sol par la propriété se multipliant par les générations, occupant le sol, et pouvant nous dispenser d'une partie de forces organisées que l'état des choses exige aujourd'hui. De la sorte, en douze ans, vous serez maîtres de l'Algérie. »

Telle était la parole, tels étaient les desseins de ce grand citoyen et de cet habile capitaine. Pourquoi n'a-t-on rien fait en faveur d'un système que le bon sens et l'autorité de son auteur suffisaient pour recommander ? On n'aimait pas l'Algérie. On l'eût sacrifiée mille fois pour raffermir un trône chancelant. Tout-à-coup, la révolution de février éclate. Le gouvernement de juillet disparut comme il était venu.

Nous l'avouons, nous avons pensé alors, et bien d'autres l'ont pensé avec nous, que le gouvernement de février, réparant les torts et les fautes de son prédécesseur à l'égard de l'Algérie, se serait hâté de déverser sur cette terre le trop plein de la mère-patrie, et de faire sortir cette magnifique colonie de l'état de torpeur et de malaise où l'on s'était plu à l'entretenir.

Il est vrai qu'on a tenté quelques efforts. On a expédié pour l'Algérie plusieurs troupes de colons pleins d'ardeur et de zèle ; mais, une fois arrivés sur le terrain, on les a mal dirigés, mal soutenus ; on ne leur a point tenu les promesses qui leur avaient été faites avec tant de solennité. On allègue la pénurie du Trésor ; en supposant que ce motif soit vrai, il ne fallait pas alors commencer une entreprise qu'on ne se sentait pas la force de conduire jusqu'à la fin, et ne pas arracher à leur patrie et à leurs habitudes, de malheureux ouvriers, pour les jeter sur une terre où ils ne pouvaient rencontrer que la ruine et la misère. De cette conduite sans direction et sans esprit de suite, il est sorti un double résultat : une dépense énorme consommée inutilement et la malédiction d'une centaine de familles. A ceux qui prétendent qu'il est fâcheux de faire tant de sacrifices pour une terre qui ne rapporte presque rien, je dirais : Vous n'avez pas obtenu des faits proportionnés aux sacrifices, parce que vous ne l'avez point voulu, et que tous les progrès se sont arrêtés devant votre irrésolution. Cependant, que de citoyens dénués de ressources n'avons-nous pas parmi nous qui ont soif du travail et du bonheur ! et ceci nous conduit à une réflexion naturelle.

Tout le monde sait que les hommes qui fournissent tous les ans le contingent pour compléter les cadres de l'armée, sont généralement pris dans les classes du peuple. Ce sont des ouvriers appartenant à différents corps d'état ; et c'est justement à l'époque où leurs bras commencent à devenir le soutien de leur famille, que la loi vient les saisir. Nous ne voulons pas faire ici une comparaison qui aurait l'air de jeter dans l'esprit d'une classe de citoyens de l'animosité contre l'autre. A Dieu ne plaise ! Mais enfin, on ne peut traiter la question de la destinée du pauvre, sans avoir présente celle du riche. Les fils de celui-ci peuvent acheter le droit de se dispenser du service militaire, et en laisser retomber tout le poids sur les moins fortunés. Ont-ils, au contraire, du goût et des penchants pour la vocation des armes ? Leur bourse leur ouvre des écoles entretenues à grands frais par l'État, et après deux ou trois années d'études, ils entrent de plein saut dans l'armée comme officiers et sous-officiers, et par là, se préparent une position aussi brillante que solide.

Combien le sort de l'ouvrier est différent! Voudrait-il acheter le droit de ne pas aller perdre ses meilleures années sous les armes? Il ne le peut. Voudrait-il, au moins, aller puiser auparavant dans les écoles de l'État une instruction qui lui manque? Il le peut moins encore. Il faut qu'il quitte ses parents, sa famille, ses amis, son état : état qui lui a coûté bien des sueurs et des peines, et même très souvent le peu d'argent qu'il avait dû aux privations de ses parents. Le voilà incorporé dans l'armée pour sept ans. Il est soumis à une rude discipline; il sert la patrie; mais il oublie le métier auquel il devra un jour demander son pain. Il perd cette habileté de main et cette aptitude, qui seules, font d'un ouvrier un bon travailleur; et lorsque, le temps du service expiré, il rentre dans ses foyers, il est incapable d'un travail fructueux, et devient pour ses vieux parents une charge accablante; quelquefois même, et ce n'est pas rare, le jeune soldat, par suite de l'abondance d'hommes, ne fait pas les sept années obligatoires; il est renvoyé au plus tôt dans sa famille; qu'en arrive-t-il?

C'est que la gêne et la misère viennent s'asseoir plus tôt en face de notre jeune militaire.

Eh quoi ! il a donné au pays la fleur de sa jeunesse, il a exposé sa vie pour lui, et après un devoir, disons un sacrifice, si généreusement accompli, il ne trouverait d'autre récompense qu'un affreux dénûment? Hommes d'État, méditez en vous-mêmes, et dites s'il ne serait pas temps de remédier à un mal aussi funeste pour une partie de nos concitoyens qu'il est déshonorant pour notre patrie !

Parmi les moyens que l'on peut employer pour porter à cet état de choses un remède salutaire, voici celui, qui selon nous, sans trop charger le Trésor, doit produire les effets les plus heureux et les plus immédiats ; ce serait de former des régiments colonisateurs qui, dispersés dans les plaines de l'Algérie, et conduits par des chefs à qui la science agricole ne serait pas étrangère, se livreraient aux défrichements et à la culture des terres susceptibles de donner de riches produits.

Les récoltes, pendant les premiers essais, seraient vendues au profit du gouvernement pour une moitié, et des travailleurs pour la seconde moitié. De plus, les terres cultivées et mises en excellent rapport pourraient être vendues à des colons venus pour se fixer en Algérie, et le prix de la vente serait divisé en deux parts, dont l'une pour le gouvernement et l'autre pour les travailleurs. Ces sommes réunies, déposées à la Caisse des consignations ou au Trésor, serviraient à former une position aux jeunes soldats travailleurs, à l'expiration de leurs congés, ou bien les aiderait à fonder un établissement en Algérie, s'ils ne voulaient plus se séparer de cette colonie, d'autant plus que, comme soldats, eux seuls auraient le droit à ce que la terre leur fût concédée gratuitement. On nous fait deux objections; on nous dit d'abord que des régiments colonisateurs entraîneraient des frais qui ne seraient point compensés par les revenus, et qui seraient pour le Trésor une charge qu'il ne pourrait longtemps supporter; on prétend ensuite qu'on ne trouverait point d'acquéreurs pour les terres mises en culture.

A la première objection, nous répondrons que lors même que la colonie militaire ne produirait point dans ses essais autant qu'elle coûterait, il serait facile de fournir le surplus de la dépense qu'elle occasionnerait, en diminuant l'effectif de l'armée qui garde l'Algérie. Pourquoi un si grand nombre de bataillons serait-il nécessaire à la conservation de notre conquête, lorsque nos colons, moitié laboureurs, moitié guerriers, habiles au maniement de la charrue et du fusil, seraient prêts à se lever comme une armée, au premier son du tambour, et marcheraient à l'ennemi avec d'autant plus de bravoure, qu'ils auraient à défendre le fruit de leur travail et de leurs sueurs? Nous observons que dans ces régiments, dits colonisateurs, on ne recevrait que des soldats faits ; et il ne serait pas difficile d'en remplir les cadres; car, on sait que parmi nous, il suffit de quelques mois pour obtenir de bons soldats d'infanterie.

Quant à la question des acquéreurs, nous pensons qu'on trouverait facilement des personnes qui, à l'aspect d'une terre mise en valeur et donnant déjà des rapports très appréciables n'hésiteraient point à porter leurs capitaux de ce côté, et à poursuivre des travaux si heureusement commencés. Ce qui rend timides les acheteurs aujourd'hui, c'est qu'avant d'obtenir des bénéfices, ils seraient obligés de dévorer leurs moyens pécuniaires et au-delà.

Ils auraient défriché, ils auraient déchiré la terre avec le soc de la charrue, et lorsque les champs auraient été parfaitement appropriés, nos infortunés colons n'auraient point trouvé les moyens de subsister jusqu'à la maturité des récoltes. Telles sont les réflexions que font les personnes qui ont du penchant pour la colonisation, mais qui sont arrêtées par la triste perspective que nous venons d'exposer.

Voilà pourquoi la colonisation de l'Algérie qui

d'abord, semblait vouloir fleurir, est retombée dans une complète décadence.

Une idée encore à laquelle on n'a guère songé, et qui pourtant pourrait être féconde en heureux résultats, ce serait de transporter dans l'Algérie, dès qu'ils auraient atteint leur dixième année, ces jeunes orphelins abandonnés de tous, et qui, dès leur naissance, sont recueillis par la charité publique.

Leur jeune âge leur faciliterait l'acclimatation au pays ; ils seraient d'autant plus attachés au sol, qu'ils n'auraient laissé en France aucun objet de leur tendresse qui pût exciter leurs regrets. La colonie serait leur véritable mère-patrie. C'est là que serait leur zèle, leur amour ; ils se livreraient tout entiers au travail, au soin de se fonder un doux avenir ; et rien ne saurait troubler leur fidélité à leurs devoirs et leur dévouement envers la France.

Ce n'est qu'en passant que nous touchons ce point délicat ; mais nous soumettons cette pensée aux lumières de nos hommes d'État, et nous ne croyons pas nous tromper, en assurant que les premiers d'entr'eux qui voudraient mettre ce système à exécution, n'auraient point à se repentir de leur noble initiative, et recueilleraient, au contraire, tôt ou tard, et de la colonie et de la métropole, une ample moisson de louanges et de bénédictions.

Mais revenons à nos régiments colonisateurs. Il est des préjugés et même des exemples dont on oppose l'autorité à notre système. Il nous suffit d'un mot pour montrer la vanité des uns et des autres. On a essayé de coloniser par des soldats, nous dit-on, et le succès n'a point suivi l'entreprise.

On ne nous dit point sur quelle échelle on avait établi le travail des militaires, quel était le genre de direction qu'on leur imposait, et quel salaire chacun d'eux retirait de sa peine, ou quelle position il attendait des sacrifices qu'on exigeait de lui. Pour faire voir combien on tenait peu à cœur de réussir et d'inspirer aux soldats travailleurs ce zèle et cette ardeur sans lesquels tout languit, qu'il nous soit permis de signaler ici la modique paie dont les travaux étaient récompensés :

Sous-officier surveillant des travaux,	» fr.	54 c
Caporaux surveillants	»	40
Soldats travailleurs	»	35

Quelquefois, il est vrai, on leur donnait à la tâche des défrichements à faire, mais le prix et le travail étaient calculés de manière que le sort du soldat n'en était pas meilleur. Si de leurs peines et de leurs sueurs il revenait quelque bénéfice, c'était pour les chefs ou pour quelque habile entrepreneur. Cependant s'il est un pays où un juste salaire est indispensable aux travailleurs, ce doit être sous le climat ardent de l'Afrique où l'homme a besoin plus souvent de réparer ses forces épuisées par la chaleur. Tel est l'avantage de notre système de colonisation par les régiments, que le soldat pourra puiser sans cesse un nouveau courage dans les bénéfices présents qui lui reviendront de son travail, et surtout dans l'espérance de s'assurer une position tranquille pour ses vieux jours.

Pour le moment, nous n'entrerons pas dans de nouveaux détails sur les régiments colonisateurs. En combien de bataillons, en combien de sections il faudra les diviser, comment il faudra concilier la discipline qui est la force du soldat avec la liberté civile dont les militaires travailleurs ont besoin dans une certaine mesure, ce sera à l'administration à régler ces divers points avec toute la sagesse et toutes les précautions qu'on doit apporter dans une affaire aussi importante. Il conviendra que les colons militaires soient établis de préférence dans l'intérieur des terres, et sur les points les plus exposés aux incursions des Arabes insoumis, afin que là ils soient une avant-garde placée au devant de l'ennemi, et comme le boulevard de la sécurité de l'Algérie. Alors la colonie fleurira. Notre conquête sera l'honneur et le grenier de la France, les puissances rivales en envieront la prospérité, et parmi nous, s'il est encore des hommes dont les vœux soient contraires à cette possession, ils apprendront à se défier de leur jugement lâche et téméraire, et sauront qu'une grande colonie est un grand bienfait, lorsque pour la faire prospérer on met en usage la persévérance et la volonté !

A côté de la colonisation militaire, on pourrait poursuivre encore la colonisation civile ; mais par des moyens tout autres que ceux qu'on a employés jusqu'ici. Dans un siècle, comme le nôtre, où les chiffres sont le grand régulateur des affaires, c'est l'argent qui doit être le nerf de la colonisation civile. Sans argent, point de laboureurs, point d'agriculture, point de bestiaux, point d'outils nécessaires au premier établissement ; le problème à résoudre, ce serait de trouver un moyen qui fît affluer vers la colonie la somme des capitaux qui seraient nécessaires pour lui donner le mouvement et la vie.

Avec tout ce qu'il y a de capitaux en France, combien d'usines, de manufactures, de chemins de fer et d'autres merveilles seraient encore dans le néant, si les petits et gros capitaux ne s'étaient associés à l'envi, et par cette association heureuse n'avaient fait prendre au commerce, aux arts et à l'industrie un essor jusqu'alors inconnu ? Eh bien, nous le demandons, pourquoi ne pas suivre la même marche pour défricher et cultiver l'Algérie? Pourquoi ne pas établir des actions pour l'exploitation en grand de la colonisation? Dès que le gouvernement se placerait à la tête d'une telle compagnie, et la dirigerait d'une main ferme et puissante, les capitaux, les gros comme les petits, n'hésiteraient pas, nous sommes certain, à concourir à cette vaste et utile entreprise. Dès qu'on aurait confiance en la direction de l'Etat, il y aurait émulation de toute part pour entrer dans une compagnie qui donnerait aux actionnaires l'espoir d'un placement de fonds parfaitement garanti, et d'un bénéfice qu'ils auraient trouvé difficilement ailleurs.

Nous ne pouvons terminer cet article sans songer également au parti qu'on pourrait tirer des peuples indigènes pour la colonisation. Oui, si l'on apprenait aux Maures à s'unir entr'eux, si on leur prêtait un appui constant, si on leur accordait quelques avantages particuliers, et si on respectait leurs mœurs, leurs habitudes, leur religion et leurs temples, on pourrait en faire des agriculteurs vigoureux et d'industrieux colons. Habitués au climat, accoutumés à se contenter de peu pour l'habit et la nourriture, robustes comme tous les enfants de l'Afrique, il semble qu'on n'aurait qu'à le vouloir pour les attacher au sol et leur faire fonder de nombreux et riches établissements. Si quelqu'un doutait de l'aptitude des Maures à la colonisation, qu'on se rappelle ces temps déjà loin de nous où sous leur main l'Espagne était devenue si florissante. Et ce qui est remarquable, c'est que la prospérité de la Péninsule disparut lorsque les Maures en furent totalement chassés. Sans même sortir de l'Afrique, il y avait des peuples indigènes tributaires de l'Espagne, et auxquels celle-ci a dû quelque temps son éclat et sa puissance. Telle était la richesse de ces terres que nous craignons de cultiver aujourd'hui; et telle elle serait encore, si nous ne voulions négliger aucun des moyens que l'étude et l'expérience nous présentent.

Pour nous résumer, nous dirons qu'il faudrait commencer l'essai des régiments colonisateurs afin que la charrue et le fusil fussent comme dans la même main, et que par là, l'effectif de l'armée pût être diminué sans exposer la sécurité de l'Algérie.

Nous pensons que ce serait une œuvre utile et généreuse d'ouvrir l'Algérie aux enfants trouvés, et d'assurer ainsi à eux une position convenable, et à l'Etat de bons et fidèles citoyens.

Nous sommes persuadés que l'Etat, en se mettant à la tête d'une compagnie par actions, obtiendrait tous les capitaux nécessaires à la culture et à la prospérité de la colonie.

Enfin, nous ne craignons pas d'affirmer que l'on pourrait tirer des indigènes pour la colonisation un noble et fructueux parti, et que les Maures bien menés, bien conduits, alors surtout qu'ils trouveraient leur intérêt à se dévouer pour le nôtre deviendraient de puissants instruments pour la fortune de la colonie.

Nous n'en dirons pas davantage sur ces points divers. C'est au simple citoyen à indiquer ce qu'il croit bon et utile, c'est aux hommes d'Etat à le mettre en pratique.

CHAPITRE VI.

COLONIES AGRICOLES.

Nous avons tâché d'indiquer quels moyens de colonisation changeraient l'Algérie en une terre riche et féconde. Nous avons vu ce qu'un gouvernement sage et habile devrait faire en Afrique. Voyons maintenant ce qu'il aurait à faire en France. Dans quelques-uns de nos départements se recontrent des plaines et des champs incultes, abandonnés aux productions stériles d'une nature sauvage qu'on ne songe guère à défricher, et qui semblent réclamer en vain le soc de la charrue et les soins de l'industrieux laboureur. Le département des Landes surtout nous offre un spectacle indigne d'un siècle et d'une nation où les arts, l'industrie et l'économie politique ont fait des progrès si remarquables. Des sables poussés par les flots de l'Océan, ou par l'impétuosité des vents qui soufflent de la mer, ont formé ces landes de vingt lieues de long qui s'étendent de Bayonne à Bordeaux. Ce sont de vastes déserts. Quelques chétifs villages y sont parsemés çà et là. Un peu de seigle, un peu de sarrazin, de maigres troupeaux servent seuls à la nourriture et à l'entretien des tristes habitants de ces lieux désolés. Des maladies cruelles y règnent de temps en temps, et l'homme y reste à un degré au dessous de la taille ordinaire. Ces effets sont dus non seulement à une nourriture insuffisante, mais encore à l'insalubrité des lieux entretenue par de nombreux étangs qui répandent dans l'air leurs exhalaisons malfaisantes. On voit donc par là combien le dessèchement de ces étangs, serait une œuvre avantageuse et humaine. Les terrains occupés par les eaux seraient rendus à l'agriculture, et la salubrité aux habitants du sol. Le retard dans la colonisation des landes et des dunes est d'autant plus funeste, que les sables, si on ne les fixe par des plantations et des ensemencements, s'étendent de plus en plus et menacent d'envahir les champs cultivés et les villages existants.

Et qu'on ne vienne pas nous dire dès l'abord que les travaux faits dans les landes seraient inutiles, et que ces plaines de sables trop humides en hiver, et trop sèches en été ne produiraient jamais des fruits en raison des peines et de l'argent qu'on y aurait dépensés, le contraire résulte des témoignages. On à tenté déjà d'heureux essais, et ils ont prouvé que les landes pouvaient devenir fertiles, et rendre à ces pays la splendeur et la richesse dont jouissent les autres départements de la France. De plus, autour des villages qui sont répandus dans le désert des landes, on distingue plus de fertilité que dans les parties qui en sont éloignées. Pourquoi? Parce que tout près des habitations on donne à la terre plus de soins et plus de culture. Il est donc évident que la fécondité et la vie se répandraient de toutes parts, si les efforts de l'homme le voulaient bien. Non loin de Bordeaux, une partie des landes mise en vigueur produit un vin assez estimé. On peut espérer des moissons d'une terre qui porte bien les arbres; et l'on sait que les chênes, les saules, les sapins, les châtaigniers, les pruniers et d'autres espèces peuvent aisément se multiplier dans les landes.

La mise en colonisation de ce sol stérile doit être l'œuvre pressée du gouvernement. Quelques-uns des moyens que nous avons signalés pour l'Algérie pourront produire ici les mêmes avantages. Quelle est la première difficulté qui se présente à l'esprit? C'est de pouvoir entretenir et nourrir sur ces terrains arides un assez grand nombre de bestiaux qui puissent fournir la quantité d'engrais nécessaire à une culture avantageuse ; car sans engrais point de récoltes d'aucune sorte. Mais dans l'état ou la science est arrivée aujourd'hui, et avec les engrais artificiels qu'elle a si heureusement inventés, cette difficulté disparaît, et le défrichement peut s'opérer sans crainte, et au grand profit de ceux qui l'ont entrepris.

Toute la question est donc de savoir comment on doit arriver au défrichement. On ne peut compter là-dessus sur les propriétaires du sol. Le propriétaire est naturellement timide. Il est ignorant. Il n'a pas d'argent ; ou s'il en a il craint de le déplacer. Il a peur de faire une vaine et ruineuse entreprise, et tremble que la suite ne réponde pas aux soins qu'il se sera donnés, et aux sacrifices qu'il aura faits. Ce serait par conséquent au gouvernement de lui donner une impulsion salutaire, de l'obliger à cultiver le sol qu'il possède, et sur son refus, d'obtenir du pouvoir législatif une loi d'expropriation, afin que le gouvernement devenu propriétaire pût entreprendre le défrichement sur une vaste échelle. Sur les terres qui ne seraient pas propices aux céréales ou aux produits vinicoles on ferait des plantations d'arbres ; et, ici, qu'il nous soit permis de placer une réflexion. Tout le monde sait que le déboisement fait en France des progrès alarmants. Si un tel état de choses se perpétue encore quelque temps, nous n'aurons plus le bois qui nous est indispensable pour les usines métallurgiques, pour notre marine, et même pour nos usages domestiques. Mais nous avons le moyen de porter remède à ce mal qui nous menace. De nombreuses plantations peuvent être faites dans les landes; les plaines n'auront plus leur monotone stérilité, et nos neveux s'en réjouiront un jour. Plus d'un propriétaire assurément a eu cette même pensée, mais il eût fallu acheter de jeunes arbres, et toute dépense l'effraie et le jette dans le découragement.

Nous avons dit que l'engrais était nécessaire pour faire fructifier la terre. L'engrais en général revient à un prix exorbitant; c'est un autre sujet de non-vouloir du propriétaire. Mais on a réduit presqu'à rien cette difficulté par l'invention dont nous avons parlé plus haut; et qu'il nous soit permis d'entrer sur ce point dans quelques explications qui ne seront pas peut-être inutiles.

Toutes les plantes se nourrissent principalement d'azote et d'ammoniac. Il n'y a pas même de végétation possible sans ces deux subtances qui, combinées par la nature avec l'humus contenu dans le sol, donnent aux plantes la plus belle fécondité. Il est constant que ce sont les matières animales qui contiennent le plus d'azote et d'ammoniac, de sorte que les engrais composés avec ces substances seront les plus puissants pour l'agriculture. Une seule objection pourrait être faite à leur bon emploi ; c'est que l'ammoniac étant très volatil, doit se dégager facilement dans l'atmosphère ; et par cela même perdre d'autant de ses effets. Un savant chimiste, M. Payen, a obvié à cet inconvénient en introduisant dans la composition des deux substances que nous avons notées, une certaine quantité de sulfate de fer qui convertit les sels volatils en sels fixes, et en y ajoutant une partie de terre carbonite qui agit comme absorbant ; l'habile chimiste, disons-nous, donne aux engrais cette faculté de ne se déliter à l'action des pluies qu'au fur et à mesure des besoins de la plante, en sorte que lorsqu'elle arrive à la floraison et à la germination, l'engrais conserve encore assez de puissance pour la nourrir ; tandis que pour les poudrettes anciennement employées, on obtenait beaucoup de substance dans les premiers mois de la végétation à cause de leur facilité à se déliter. Ce qui faisait qu'on avait beaucoup de paille et peu de grain. Ainsi donc la question de l'impossibilité où l'on était jusqu'à ce jour d'entretenir de nombreux bestiaux sur les terres où il ne vient rien, est complètement résolue par l'emploi des engrais factices. Quelques chevaux de labour ou quelques vaches, pour exécuter les gros travaux, suffiraient pour les premiers temps ; et nous sommes persuadés qu'à la deuxième année de très bons résultats récompenseraient les soins du propriétaire laboureur.

Il faut ajouter encore que le prix des engrais factices est bien au dessous de ce que coûte le fumier ordinaire. Les frais de transport et d'étendage se trouvent extrêmement réduits par l'emploi des engrais pulvérulents; puisque dix hectolitres qui pèsent environ mille kilogrammes, équivalent en puissance à sept voitures de fumier à deux chevaux; et un homme seul peut les répandre dans quelques heures, tandis que le fumier équivalent exigerait l'emploi de plusieurs hommes pendant plusieurs jours.

Il est donc incontestable aujourd'hui qu'à peu de frais, avec peu de bestiaux, et moins de bras, on peut arriver à mettre en bon rapport une quantité considérable de terres qui restent improductives, et qui seraient d'une grande ressource pour la classe pauvre.

Qu'on ne nous oppose donc point des raisons qui ne sont que la preuve de l'insouciance et de la mauvaise volonté de nos gouvernants.

Les landes et les dunes se couvriront d'arbres, de moissons et de nombreux habitants, dès qu'elles seront l'objet des soins d'une bonne colonisation. Mais on ne fait rien d'utile et de bon parce que

les principes du gouvernement même sont tous les jours ou renversés ou mis en question.

« Le gouvernement, disait Henri IV, est bien organisé lorsqu'il n'y a point d'hommes et de champs inutiles ; il est défectueux à proportion qu'il y a des désœuvrés, et des champs incultes. »

Ces paroles sont toute la théorie des colonies agricoles intérieures : On l'a bien senti quelquefois, aussi le Conseil général de la Seine, dans la session close le 22 septembre 1828, exprimait-il le vœu que les mendiants et les vagabonds fussent employés à des défrichements et réunis en colonies agricoles ; c'était, en effet, le vrai moyen de détruire la mendicité et le paupérisme.

Ce qui est encore plus étonnant dans la négligence que nous apportons à fonder des colonies, soit civiles, soit militaires, c'est qu'il n'y a peut-être pas en Europe une seule nation qui, depuis longtemps, ne nous ait donné l'exemple de la constitution de pareilles colonies. Voyez les Etats-Unis d'Amérique, qui ne sont, à le bien prendre, qu'une immense colonie agricole et industrielle, et où quiconque a des bras et du zèle devient propriétaire ; ils affectent de nombreux espaces de terre aux cultures des dépôts de mendicité. Quant aux colonies agricoles militaires, la Suède en possède qui ont été fondées par Charles XI. Dans ces colonies tranquilles et florissantes, les officiers supérieurs et généraux vivent au milieu des soldats, loin des distractions nuisibles de la vie de garnison, et peuvent les surveiller toute l'année. Onze mois sont consacrés aux travaux agricoles. Tous les dimanches et le mois de juin restent pour les exercices. La santé des troupes est pleine de vigueur et leur tenue est des plus admirables. — Frédéric Ier ayant ravagé la Silésie par ses armes ne trouva rien de mieux pour la vivifier et réparer les maux qu'il lui avait faits, que d'y établir des colonies agricoles. Plusieurs villages furent créés par ses soins. Des lieux auparavant abandonnés et désolés se chargèrent d'habitants. Les seigneurs, encouragés par son exemple, donnèrent un nouvel essor à ce genre de colonisation; et la Silésie, quelques années après la guerre de sept ans qui l'avait complètement ravagée, brilla d'une splendeur qu'elle n'avait pas encore obtenue jusques-là. Nous avons déjà, dans un autre chapitre, donné quelques détails sur les colonies militaires de la Russie. Cet immense empire a aussi ses colonies agricoles civiles; et c'est ainsi qu'il est parvenu à animer ses vastes déserts, à tel point, que chaque année sa population augmente d'un demi-million d'hommes au moins. L'Allemagne présente de nombreux exemples de colonies agricoles. On n'en finirait pas si l'on voulait citer tous les peuples qui ont devancé la France dans ces institutions philantropiques.

Il est temps enfin que notre nation brille dans le monde et dans son propre sein, autrement que par des révolutions incessantes et la mobilité de ses penchants. Pour ses terres incultes, elle peut en livrer une partie à des colons militaires qui les défricheront et les rendront fécondes, suivant les règles et aux mêmes conditions que nous avons tracées pour l'Afrique. Elle peut provoquer, encourager des associations par souscription, lesquelles ne tardant pas à rassembler les capitaux nécessaires pour une œuvre si digne et si fructueuse, donneront tôt ou tard à leurs actionnaires de beaux bénéfices, et à l'Etat de nouveaux villages et de nouvelles populations.

L'Etat peut encore, avec ses fonds, tenter de premiers essais de colonisation. L'argent qu'il aura dépensé rentrera plus tard, au centuple, dans ses caisses par divers canaux, sans compter les heureux qu'il aura faits. En effet, qu'on divise des landes en lots nombreux, qu'on affecte chacun de ces lots à un ménage; qu'on bâtisse à ce ménage une petite maison commode, avec cave, grenier, grange et étable; qu'on la garnisse d'instruments aratoires; qu'on donne les premiers moyens d'existence à la famille, et vous verrez quelle abondance et quelle prospérité succéderont bientôt sur ce sol à la stérilité dont l'aspect nous afflige aujourd'hui.

La colonisation de ses landes n'est pas seulement une bonne action et un devoir pour la France, c'est encore une nécessité. Surchargée d'enfants trouvés, de mendiants et de vagabonds, et d'une multitude d'ouvriers que la misère ne dispose que trop à s'insurger contre les lois, elle peut donner un asile et une position convenable aux uns et aux autres; en les transportant dans ses landes pour en faire le noyau de colonies agricoles; pour ces tristes orphelins qui, dès leur naissance, sont nourris et recueillis par l'État, leur nombre s'accroît parmi nous dans une progression effrayante, soit par suite de la misère, soit par la corruption des mœurs. Dans cinquante ans, leur nombre a triplé. Leur entretien établit une charge publique qui dépasse dix millions.

Eh bien! ces enfants arrivés à un certain âge, s'ils étaient envoyés et employés dans des colonies agricoles, en feraient la richesse, et donneraient un jour des bénéfices à l'Etat, au lieu de lui être à charge.

Faut-il parler des mendiants et des vagabonds? Entassés dans des maisons centrales, ils deviennent ordinairement des scélérats. S'ils étaient employés dans les colonies agricoles, si propres à régénérer l'homme dégradé, ils deviendraient des cultivateurs honnêtes et laborieux. De plus, le gouvernement profiterait d'une grande économie pour la dépense; car un mendiant détenu coûte bien plus cher qu'il n'en coûterait dans une colonie, d'autant plus que de nouvelles et riches cultures seraient assurées à l'Etat. Mais au-dessus de tout, et ce sera notre conclusion, il faut ouvrir une issue à cette population ouvrière qui s'accumule dans les grandes villes, qui y prend des goûts d'oisiveté et de désordre, et qui est là comme une réserve toujours prête pour les entrepreneurs d'insurrection. Si vous appelez cette surabondance d'ouvriers dans des colonies agricoles, vous assurez leur tranquillité et la vôtre, et faisant des cultivateurs, vous ferez de bons citoyens. On n'a rien à craindre, et on a beaucoup à espérer de ceux à qui on a inspiré le goût des champs et de la famille. Le fléau des révolutions aura disparu quand on aura moins d'ouvriers inutiles dans les villes et plus de laboureurs dans les campagnes. Couvrir les terres incultes de colonies agricoles, rendre au travail les bras inoccupés, procurer ainsi à tant d'ouvriers malheureux un asile et le calme, ce serait l'honneur de la France, ce serait peut être son salut.

FIN.

TABLE DES MATIÈRES.

www.ingramcontent.com/pod-product-compliance
Lightning Source LLC
LaVergne TN
LVHW020332230826
846091LV00003B/844